Einführung

W0083949

En equipo.es 1 wendet sich an alle **Lernenden mit Grundkenntnissen**, die Spanisch für den Beruf lernen und am Arbeitsplatz einsetzen möchten.

En equipo.es 1 bietet Lernstoff für ca. **60 Doppelstunden** und spricht die zentralen **Themen der Wirtschaftswelt** in Büro und Unternehmensalltag in **authentischer und berufsbezogener Sprache** an. Berücksichtigt sind hierbei auch verschiedene Register des gesprochenen und geschriebenen Spanisch.

Der **Aufbau** von **En equipo.es 1**:
Jede der 8 *Unidades* des Kursbuchs behandelt einen Themenbereich des Berufslebens und enthält **lernerzentrierte und handlungsorientierte Materialien**. Viele kommunikative partnerbezogene Übungen versetzen die Lernenden in eine aktive Rolle und bereiten auf die reale Verwendung der Sprache vor. Die Auswahl motivierenden Materials und die Vielseitigkeit der Aktivitäten zielen darauf ab, die Entwicklung der vier Fertigkeiten Hören, Sprechen, Lesen, Schreiben gleichmäßig zu fördern.
Am Ende jeder *Unidad* schließen sich die *Hispanoamerica*-Seiten an: neben landeskundlichen Informationen zeigen sich hier die sprachlichen Facetten des Spanischen durch den Kontrast zu den Varianten im amerikanischen Raum.
Im Anhang findet sich eine **Kurzgrammatik**, die die wichtigsten Strukturen der spanischen Sprache mit Beispielen aus den *Unidades* aufzeigt.
Die **Arbeitsanweisungen** sind in den ersten Lektionen zweisprachig: spanisch und deutsch. Aus Platzgründen ist die spanische Arbeitsanweisung oft nur in Kurzform vorhanden, häufig ist die deutsche Übersetzung im „weiteren Sinn" formuliert. Wie im Spanischen üblich, werden die Lernenden in den spanischen Arbeitsanweisungen mit *tú* angesprochen. Im Deutschen dagegen werden sie gesiezt.

Im **Arbeitsbuch** von **En equipo.es 1** finden Sie weitere Übungen zu Grammatik, Wortschatz und Hörverstehen, Selbstevaluationen mit Lerntipps, kommentierte www-Seiten, den Lösungsschlüssel zu den Übungen, die Texte der Hörverständnisübungen, einen spanisch-deutschen Wortschatz und einen alphabetischen Lernwortschatz.

Sämtliche Hörszenen des Kursbuches und des Arbeitsbuches von **En equipo.es 1** sind auf der zugehörigen **Kassette** bzw. **CD** enthalten.

Die Inhalte von **En equipo.es 1** sind abgestimmt auf das Curriculum des *Instituto Cervantes*. Der Fortsetzungsband **En equipo.es 2** führt zum „*Certificado Básico de Español de los Negocios*" der Industrie- und Handelskammer Madrid.

Autorinnen und Verlag

Inhalt

UNIDAD 3

¿A qué se dedica usted?

Themen
- Alltag im Unternehmen
- Aktivitäten von Unternehmen
- Stellenanzeigen

Sprechhandlungen
- den Charakter von Personen beschreiben
- über tägliche Aktivitäten von Personen und Firmen sprechen
- Äußerungen in die richtige Reihenfolge bringen
- über Gewohnheiten und deren Häufigkeit sprechen
- Informationen geben und vergleichend darstellen

Grammatik
- Konjugation im Präsens
- Zahlen: ab 100
- *ser* und *estar* + Adjektiv
- *estar* + Gerundium
- Adjektive
- Präsens und Nachzeitigkeit
- Angaben zur Häufigkeit

Kultur im Kontrast
- Der Angestellte im internationalen Vergleich

Schreiben
- Stellenanzeige

Lesen
- Kann Arbeit süchtig machen?

Projekt
- Das ideale Team

Lateinamerika
- Argentinische Stellenanzeige

UNIDAD 4

Organizarse en la empresa

Themen
- Organigramm
- Tätigkeiten in den Abteilungen eines Unternehmens
- Terminplanung
- Wochentage und Monate
- Uhr und Tageszeit

Sprechhandlungen
- nach der Uhrzeit fragen
- nach Zeitangaben fragen
- die Tageszeiten ausdrücken
- das Organigramm eines Unternehmens beschreiben
- Funktionen von Mitarbeitern beschreiben
- einen Termin vereinbaren

Grammatik
- Indikativ Präsens der unregelmäßigen Verben
- Indikativ Präsens von *hacer, tener*
- Reflexive Verben
- Fragepronomen
- Wortbildung der Substantive

Kultur im Kontrast
- „Der europäische Manager"

Schreiben
- Der Expressbrief

Lesen
- „Ausgaben für die Weiterbildung verdoppelt"

Projekt
- Vom Produkt zum Verkauf

Lateinamerika
- Terminvereinbarung mit Unternehmen in Mexiko

Inhalt

Inhalt

Folgende Piktogramme werden verwendet:

 Einzelarbeit

 Gruppenarbeit

 Hörverständnisübung [Nummer] [X]

 Partnerarbeit

 Plenum

 Beachten Sie

In dieser Lektion lernen Sie:

■ **sich begrüßen**

Buenos días. / Buenas tardes. / Buenas noches.
¡Hola! (De manera informal)
¡Hola!, ¿qué tal? (De manera informal)

■ **sich verabschieden**

¡Hasta luego! / ¡Hasta mañana! / Adiós.

■ **sich vorstellen**

Soy el Sr. Segovia. / Soy la Sra. Calvo. (De manera formal)
Soy Ana Pérez. / Me llamo Ana Pérez. (De manera formal)
Soy Juan. / Me llamo Juan. (De manera informal)

■ **jemanden vorstellen**

► Le presento a... (De manera formal)
Te presento a... (De manera informal)
▷ Encantado/-a. / Mucho gusto.

■ **sich bedanken**

Gracias. / De nada.

■ **nach dem Namen fragen**

► ¿Cómo se llama usted? (De manera formal)
¿Cómo te llamas? (De manera informal)
▷ Me llamo... / Soy...

■ **fragen, wie man ein Wort schreibt**

¿Cómo se escribe? / ¿Cómo se deletrea?

■ **nachfragen, wie man etwas auf Spanisch sagt**

► ¿Cómo se dice... en español?
▷ Se dice...

■ **nach dem Beruf fragen**

► ¿A qué se dedica? (De manera formal)
¿A qué te dedicas? (De manera informal)
▷ Soy abogado/-a.

■ **nach der Nationalität fragen**

► ¿De dónde es usted? (De manera formal)
¿De dónde eres? (De manera informal)
▷ Soy español, de Santander.

■ **nach der Telefonnummer fragen**

¿Cuál es el número de teléfono de...?

¿Quién es usted?

1. En la recepción de la empresa

[1]

1.1. Escucha los diálogos.
Hören Sie die Dialoge.

1.2. Ahora lee los diálogos y escucha otra vez. Después completa.
Lesen Sie die Dialoge und hören Sie noch einmal. Ergänzen Sie die Dialoge.

1. ► Buenos *(a)* ...., señor Calvo.

▷ *(b)* .... días, señora Planas.

2. ► ¡Hola! Buenas *(c)* ...., Juan.

▷ ¡*(d)* ...., Enrique! *(e)* .... tardes.

3. ► Buenas *(f)* ...., señor Ruiz.

▷ *(g)* .... noches, señor Segovia.

4. ► *(h)* ...., Fernando. Hasta *(i)* ....

▷ Adiós, Marisa, *(j)* .... luego.

5. ► Hasta *(k)* ...., Olga.

▷ Adiós, Ana, *(l)* .... mañana.

1.3. ¿Qué nombres de personas hay en los diálogos?
Wie heißen die Personen in den Dialogen?

- De mujer: ....

- De hombre: ....

- ¿Y qué apellidos?: ....

1.4. Escribe en la columna adecuada los nombres y apellidos.
Tragen Sie die Vornamen und Nachnamen in die Spalten ein.

Pérez   Asunción   Blanca   José   Garzón
Iturralde   Botín   Aránzazu   Arenas
Soledad   Fraga   Velasco   Gonzalo
Felipe

Nombres	Apellidos

Los españoles tienen dos apellidos:

José Martínez Fernández   Marisa Prada Zaragoza

Olga Martínez Prada

1.5. Compara los resultados del ejercicio 1.4. con tus compañeros.
Vergleichen Sie die Ergebnisse der Übung 1.4. im Kurs.

Ejemplo:
Beispiel:

► Asunción, ¿es nombre o apellido?

▷ Nombre.

► ¿Y Blanca es apellido?

▷ No, no. Es nombre.

España

NOMBRE **ASUNCIÓN**
PRIMER APELLIDO **ARENAS**
SEGUNDO APELLIDO **ITURRALDE**

EXPED. 02-12-2002 VAL. 01-12-202

Ministerio del Interi

51278215-C

2. Si los españoles no entienden su nombre...

2.1. **Lee el alfabeto español. Lesen Sie das spanische Alphabet.**

A a (a) **B b** (be) **C c** (ce) **D d** (de) **E e** (e) **F f** (efe) **G g** (ge)

H h (hache) **I i** (i) **J j** (jota) **K k** (ka) **L l** (ele) **LL ll** (elle) **M m** (eme)

N n (ene) **Ñ ñ** (eñe) **O o** (o) **P p** (pe) **Q q** (cu) **R r** (erre) **S s** (ese)

T t (te) **U u** (u) **V v** (uve) **W w** (uve doble) **X x** (equis) **Y y** (i griega) **Z z** (zeta)

2.2. **Pregunta los nombres y apellidos a tus compañeros y completa el cuadro.**
Fragen Sie im Kurs nach Vornamen und Namen und ergänzen Sie die Tabelle.

Ejemplo: ► ¿Cómo te llamas? (De manera informal)

► ¿Cómo se llama? (De manera formal)

▷ Me llamo Ignacio Carro Losantos.

► ¿Cómo se deletrea?

▷ I, ge, ene, a, ce, i, o; ce, a, erre, erre, o; ele, o, ese, a, ene, te, o, ese.

Nombres	Apellidos

¿Quién es usted?

3. ¿De dónde es usted?

Completa la lista. Escribe los nombres de las nacionalidades y los países.
Ergänzen Sie die Liste. Tragen Sie die Nationalitäten und Länder ein.

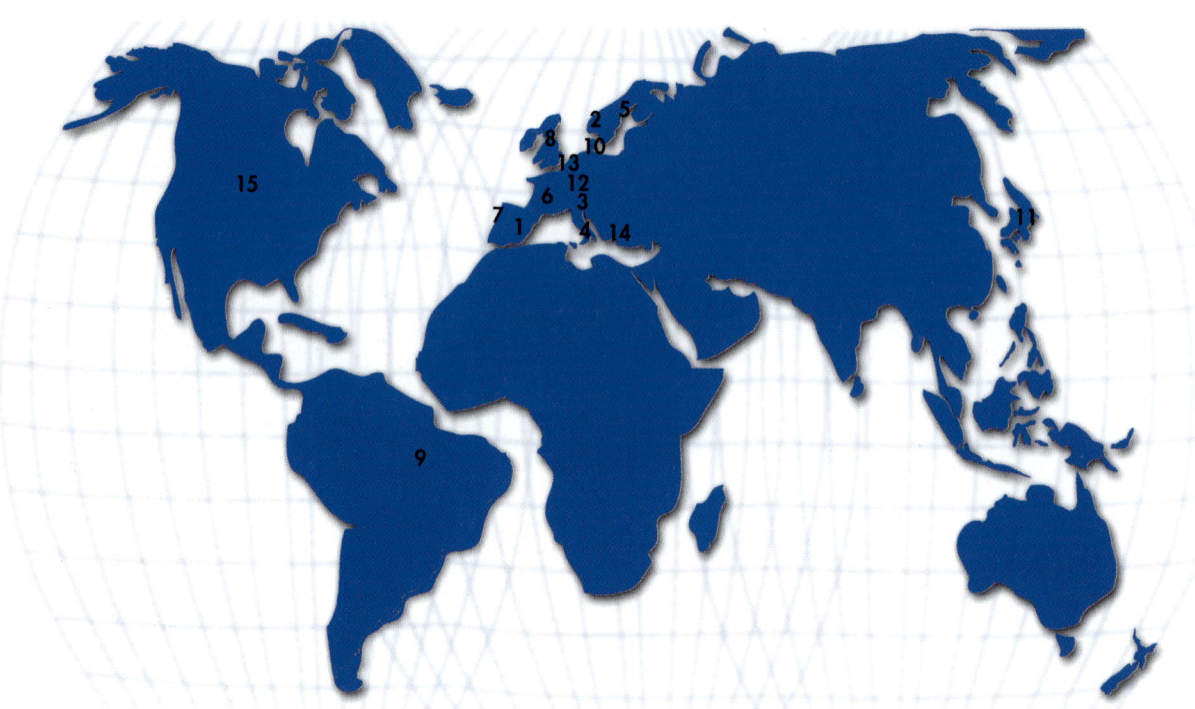

	él es...	ella es...	país
1.	• español	• española	• España
2.	•	• noruega	• Noruega
3.	• suizo	•	• Suiza
4.	• italiano	• italiana	• ....
5.	•	• sueca	• Suecia
6.	• francés	• francesa	• ....
7.	• portugués	•	• Portugal
8.	•	• inglesa	• Inglaterra
9.	• brasileño	• brasileña	• ....
10.	• danés	•	• Dinamarca
11.	• japonés	• japonesa	• ....
12.	•	• alemana	• Alemania
13.	• belga	•	• Bélgica
14.	• griego	• griega	• ....
15.	• estadounidense	• estadounidense	• ....
16.	•	•	• ....
17.	•	•	• ....

4. En la recepción de una sala de congresos

4.1. Lee los diálogos.
Lesen Sie die Dialoge.

1. La recepcionista pregunta los nombres y apellidos de los participantes.

► Buenos días, su nombre y apellido, por favor.

▷ Soy Jorge Azúa.

► Bienvenido, señor Azúa.

▷ Gracias.

2. Ahora dos participantes se presentan.

► Buenos días, soy Elvira Peña.

▷ Encantado, soy Jorge Baldía.

► Mucho gusto.

▷ ¿De dónde es usted?

► Soy de Madrid, ¿y usted?

▷ De Zaragoza.

4.2. Escucha cómo se presentan otros participantes y completa el cuadro.
Hören Sie die Vorstellung anderer Teilnehmer und ergänzen Sie die Tabelle.

	¿De qué país es?	*¿De qué ciudad es?*
Diálogo 1 **Sra. Pires**		
Sr. Dahl		
Diálogo 2 **Sr. Equiluz**		
Sra. Onetti		
Diálogo 3 **Sra. Gallego**		
Sra. Adorno		

¿Quién es usted?

4.3. Habla con tus compañeros y completa la tabla con sus respuestas.
Sprechen Sie mit den anderen Teilnehmern und ergänzen Sie die
Tabelle mit deren Antworten.

Recuerda:

▶ ¿Cómo se llama usted? (De manera formal)

▶ ¿Cómo te llamas? (De manera informal)

▷ Me llamo María.

▶ ¿Cómo se deletrea?

▷ Eme, a, erre, i, a. María.

▶ ¿De dónde es usted? (De manera formal)

▶ ¿De dónde eres? (De manera informal)

▷ Soy (nacionalidad), de (ciudad)

Nombre del alumno	País	Ciudad

5. En un congreso de arquitectos, después de dar el nombre a la recepcionista...

5.1. Lee los diálogos. Lesen Sie die Dialoge.

1.
▶ Juan, te presento a Álvaro.

▷ Mucho gusto, Álvaro.

▶ Encantado.

2.
▶ Señora Calvo, le presento a la señora Ramos, es la directora de la empresa Construluz.

▷ Mucho gusto.

▶ Encantada, señora Calvo.

3. ► Le presento al señor Ruiz y a la señora Alonso, son los arquitectos de "Casa Giralda".

▷ Mucho gusto.

► Encantado.

▷ Encantada.

4. ► Ana, te presento a María Botín y Paloma Ballesteros.

▷ Hola, encantada.

► Encantada.

▷ Mucho gusto.

5.2. **Presenta a algunos de estos personajes a tus compañeros de la clase. Stellen Sie den anderen Kursteilnehmern eine der Personen vor. Verwenden Sie abwechselnd die Formen „Le presento a…" und „Te presento a…".**

Antonio Catalán Díaz
AC Hoteles

Tomás Osborne
Bodegas Osborne

Ana González
Perfumerías Ana

Jesús Farga
Farggi

Hermanos Lladró
Porcelanas Lladró

Xavier Bernat
Chupa Chups

¿Quién es usted?

6. Tarjetas de visita

Lee los diálogos y relaciónalos con las tarjetas de visita. Escribe la profesión de las personas.
Ordnen Sie die Dialoge den Visitenkarten zu. Notieren Sie die Berufe der Personen.

1.
► ¿A qué se dedica, señora Pires?

▷ Soy ingeniera de telecomunicaciones, ¿y usted, señor Dahl?

► Soy abogado, soy el director del bufete *Servi*.

2.
► Agustín, ¿a qué te dedicas?

▷ Soy informático, ¿y tú?

► Soy profesor de la escuela *Auge*.

3.
► Señora Adorno, ¿a qué se dedica?

▷ Soy consultora de *Recursos y Consultoría*, ¿y usted?

► Soy periodista, director del periódico *Crónica*.

A.

Software KLIM
C/ Poliedro circular, 27 • 47003 Valladolid

Agustín Fonts Zaragoza
agustinfonts@klim.com   ☎ 677 60 10 12

• **Diálogo** ....
• **Profesión** ....

B.

Escuela Auge
📞 91 369 45 16

Felipe Coto

• **Diálogo** ....
• **Profesión** ....

C.

SERVI
Bufete de abogados

Tomas Dahl
Tel. 632 11 24 76 • Fax: 632 11 24 89

• **Diálogo** ....
• **Profesión** ....

D.

NUEVA INGENIERÍA, S.A.
María Pires
☎ 952 28 74 05
TELECOMUNICACIONES Y REDES

• **Diálogo** ....
• **Profesión** ....

E.

Recursos y Consultoría
☎ 91 522 30 12
Dorotea Adorno

- Diálogo ....
- Profesión ....

F.

Crónica
Jaime Hernández
Director
© 677 22 30 12
jhernandez@cronica.es

- Diálogo ....
- Profesión ....

7. En la recepción de una escuela de Dirección de Empresas: hoy es el primer día de un programa máster

7.1. Relaciona las profesiones y los dibujos.
Welche Berufe gehören zu den Zeichnungen? Ordnen Sie zu.

A. Periodista – B. Profesor – C. Bióloga – D. Economista – E. Arquitecto –
F. Médico – G. Abogado – H. Ingeniero – I. Piloto – J. Informático – K. Química

1. [A.]

2. [ ]

3. [ ]

4. [ ]

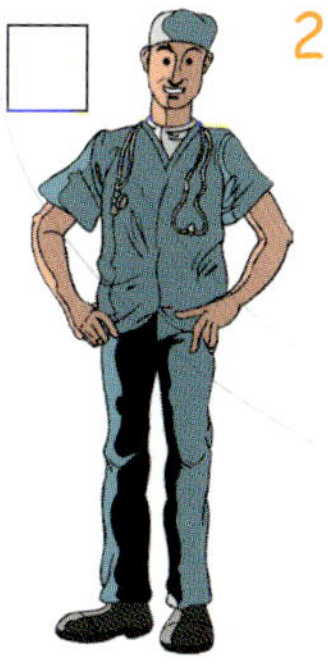

5. [ ]

6. [ ]

7. [ ]

8. [ ]

9. [ ]

10. [ ]

11. [ ]

¿Quién es usted?

7.2. Escucha los diálogos y marca las profesiones que se mencionan.
Hören Sie die Dialoge und kreuzen Sie die Berufe an, die erwähnt werden.

A. ☐ Periodista   **E.** ☐ Arquitecto   **I.** ☐ Piloto

B. ☐ Profesor   **F.** ☐ Médico   **J.** ☐ Informático

C. ☐ Bióloga   **G.** ☐ Abogado   **K.** ☐ Química

D. ☐ Economista   **H.** ☐ Ingeniero

7.3. Ahora escucha otra vez la audición y completa el texto.
Hören Sie noch einmal und ergänzen Sie den Text.

1. ► ¡Hola, Pedro! ¿Qué tal?

▷ Bien. Mira, te presento a Jaime Badía, *(a)* .... economista como tú.

► ¿Qué tal, Jaime? ¿De dónde *(b)* ....?

► Soy de Pamplona, ¿y tú?

► *(c)* .... de aquí, de Barcelona.

2. ► Buenos días. *(d)* .... Felipe Sierra.

▷ Hola, *(e)* .... Ramón Huarte. *(f)* .... ingeniero, ¿y tú?

► Yo *(g)* .... médico.

3. ► ¿Qué tal, Marta? Mira, te presento a Julián Vives *(h)* .... abogado como yo.

▷ ¿Qué tal, Julián? Yo *(i)* .... periodista y ésta *(j)* .... María *(k)* .... bióloga.

► ¡Hola! Mucho gusto.

4. ► ¡Hola Javier! ¿Qué tal?

▷ Muy bien. Te presento a Antonio Pascual y a Carmen Valero, *(l)* .... informáticos.

► Encantado. ¿Qué tal? ¿De dónde *(ll)* ....?

► *(m)* .... de Sevilla, ¿y tú?

► De Cáceres.

7.4. Completa el cuadro con las formas del verbo "ser".
Ergänzen Sie die Tabelle mit den Formen von „ser".

	ser
Yo	
Tú	
Él - ella - usted	es
Nosotros - nosotras	
Vosotros - vosotras	sois
Ellos - ellas - ustedes	

1

8. Los números de teléfono

¿Qué números de teléfono te faltan? Pregunta a tu compañero y completa.
Fragen Sie (Alumno A) Ihren Kursnachbarn (Alumno B, Seite 20) nach den fehlenden Telefonnummern und ergänzen Sie die Liste.

Ejemplo: ▶ ¿Cuál es el número de télefono de...?

▷ Es el...

Alumno A

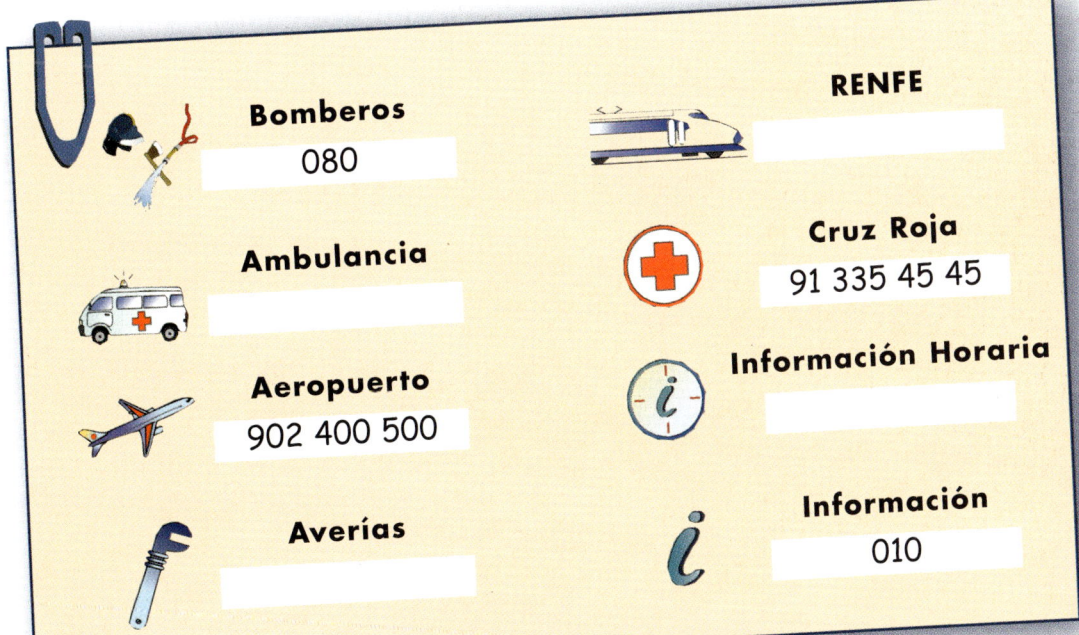

Bomberos
080

RENFE

Ambulancia

Cruz Roja
91 335 45 45

Aeropuerto
902 400 500

Información Horaria

Averías

Información
010

¿Quién es usted?

Alumno B

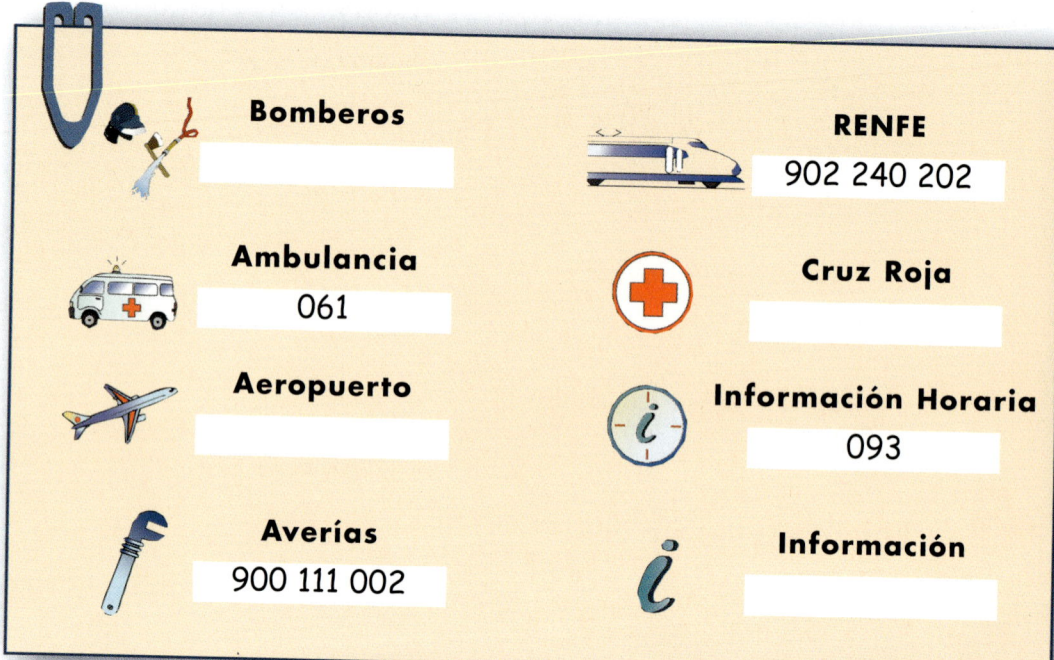

Bomberos

RENFE
902 240 202

Ambulancia
061

Cruz Roja

Aeropuerto

Información Horaria
093

Averías
900 111 002

Información

9. Preposiciones

Completa con las preposiciones *a* **y** *de*.
Setzen Sie die Präpositionen *a* **und** *de* **ein.**

1. ¿............ dónde eres?

2. Soy italiana, ... Roma.

3. Te presento .... Juan.

4. Le presento .... la Sra. Rosa Castro.

5. ¿Cuál es el número .... teléfono .... información?

6. Pedro y Ramón son .... Cádiz y nosotros somos .... Sevilla.

10. Escribe

El sobre de una carta

10.1. **Envías una carta urgente a Jaime Ramos García. Escribe los datos en el sobre.**
Sie schicken einen Eilbrief an Jaime Ramos García. Schreiben Sie die Angaben auf den Briefumschlag.

El Sr. Ramos vive en la calle Unamuno, número 5, piso 2, código postal 37839, Salamanca.

Es importante conocer las siguientes palabras:

- **C/:** calle
- **P.º:** paseo
- **Avda.:** avenida

- **N.º:** número
- **Sr.:** señor
- **Sra.:** señora

El envío certificado
Das Einschreiben

10.2. Completa el siguiente certificado con los datos de la actividad 10.1.
Tragen Sie in das Formular die Angaben aus 10.1. ein.

¿Quién es usted?

11. Diferencias culturales: Los saludos

Los saludos
Escribe un diálogo para cada fotografía.
Schreiben Sie zu jedem Foto einen Dialog.

Foto 1:

- **Diálogo:**

Foto 2:

- **Diálogo:**

Foto 3:

- **Diálogo:**

Foto 4:

- **Diálogo:**

12. Lectura

12.1. ¿Conoces estas palabras?
Kennen Sie diese Wörter?

- el apellido
- el marido
- la mujer
- el acto social
- el trabajo

- soltero / soltera
- casado / casada
- el pasaporte
- el documento nacional de identidad
- el carné de conducir

12.2. Lee el texto.
Lesen Sie den Text.

Apellidos, apellidos...

El apellido de una mujer española casada es un misterio para muchos extranjeros. "¿Cuál es el apellido de esta señora?", se preguntan.

En un acto social, en el que la mujer va de acompañante del marido, él es, por ejemplo, el señor Rodríguez y ella es la señora de Rodríguez o señora Rodríguez.

En el trabajo la señora de Rodríguez es Ana Pérez, ¿por qué? Porque la mujer española siempre mantiene su apellido de soltera.

Los apellidos de soltera están en su pasaporte, en su documento nacional de identidad (DNI), en su carné de conducir, etc.

12.3. Marca con una cruz si las afirmaciones son verdaderas o falsas.
Sind die Aussagen richtig oder falsch? Kreuzen Sie an.

	verdadero	falso
1. El apellido de una mujer española casada es un misterio para muchos extranjeros.	☐	☐
2. En un acto social la mujer casada usa el apellido del marido.	☐	☐
3. En el trabajo la mujer casada usa el apellido del marido.	☐	☐
4. El apellido del marido está en el pasaporte de su mujer.	☐	☐

Tarea final

Archivo de datos. Kursfragebogen.

1. Sammeln Sie in Kleingruppen möglichst viele Fragen zu Person und Beruf und stellen Sie einen Fragebogen zusammen.

Ejemplo:
¿Cómo se llama?

2. Präsentieren und diskutieren Sie im Plenum die verschiedenen Fragebögen und wählen Sie dann den besten Fragebogen aus.

3. Befragen Sie jetzt zwei Kursteilnehmer und notieren Sie deren Antworten.

4. Präsentieren Sie im Kurs eine Person mit Hilfe der Antworten. Die anderen Teilnehmer müssen erraten, um wen es sich handelt.

¿Quién es usted?

Brasil

Me llamo Rodrigo Dos Santos Moreira. Soy "brasileiro", en español se dice brasileño. Soy de Río de Janeiro. Soy economista, director de una empresa especializada en la formación de ejecutivos. Estudio español para trabajar en países hispanoamericanos.

Soy Fernanda, la profesora de Rodrigo. Después de estudiar la unidad 1, Rodrigo quiere saber más sobre el mundo hispanoamericano.

Rodrigo quiere saber...

...los nombres, las nacionalidades y las monedas de los países hispanoamericanos.

1

Nacionalidades y monedas en países hispanohablantes. Completa este cuadro.
Nationalitäten und Währungen in spanischsprachigen Ländern.
Ergänzen Sie die Tabelle.

	País	Nacionalidad	Moneda
1.	•	• argentino/a	• peso
2.	• Chile	•	• ....
3.	•	• cubano/a	• ....
4.	• EL Salvador	•	• colón
5.	•	•	• sucre / dólar
6.	•	• hondureño/a	• ....
7.	•	•	• córdoba
8.	• Costa Rica	•	• colón
9.	• Panamá	•	• ....
10.	•	• dominicano/a	• ....
11.	•	•	• dólar
12.	•	• colombiano/a	• ....
13.	•	•	• bolívar
14.	• Perú	•	• ....
15.	•	•	• boliviano
16.	• Uruguay	•	• ....
17.	•	•	• guaraní
18.	• México	•	• ....
19.	•	•	• quetzal

2

Y además...

• En México, a los habitantes de Monterrey se les llama "regios" y a los habitantes de México D.F. se les llama "chilangos" de forma muy coloquial o despectiva.

¿Quién es usted?

3

...cómo son los saludos, despedidas y agradecimientos.

- En Argentina, por la mañana, se dice: "Buen día", y para despedirse de forma informal se dice "Chau" o "Chaucito".

- Los mexicanos cuando se saludan se dan la mano, sólo se dan besos a familiares y amigos. En situaciones informales, entre "cuates", para saludarse dicen: "¡Hola!, ¿qué onda?" y para despedirse dicen: "Hasta lueguito".

- Cuando alguien dice "gracias" a un mexicano, él responde "a usted se le dan", "para servirle" o "mande usted".

Rodrigo, ¿sabe que "cuates" es una palabra para designar a jóvenes amigos en México?

...si hay diferencias gramaticales.

4

- En toda Hispanoamérica "ustedes" se utiliza como plural de "tú" y de "usted".

- En Argentina y en Uruguay se utiliza "vos" en vez de "tú".

- En Argentina dicen "vos sos" en lugar de "tú eres".

5

 [4]

Rodrigo, escuche los siguientes diálogos. Identifique de qué país son las personas que hablan en cada diálogo.

Completa el cuadro. Ergänzen Sie die Tabelle.

	¿De qué país son?
Diálogo 1	
Diálogo 2	
Diálogo 3	

De acá y de allá

- En Argentina hombres y mujeres sólo tienen un apellido y las mujeres mantienen el apellido de soltera toda la vida.

- En México hombres y mujeres tienen dos apellidos y...

> ¿Recuerda la lectura sobre los apellidos en España?
> En México ocurre lo mismo, pero es curioso... ¡Preste atención a lo que viene a continuación!

- La abreviatura C/ por calle no se usa ni en México ni en Argentina.

- La fórmula Señor, en México, es sustituida por Licenciado, Doctor o Ingeniero, en caso de duda se escribe Licenciado.

¿A qué países pueden llegar estos sobres?
In welche Länder werden die Briefe geschickt?

A.

Licenciado Quesada
Avenida Uno 160
Colonia Vértiz Narvarte
....

B.

Sr. Pablo Daniel Galán
Calle Iván Perón n.º 14
....

¿Quién es usted?

In dieser Lektion lernen Sie:

■ **nach Wegbeschreibungen fragen**
  ▶ ¿Dónde está su empresa?
  ▷ Está al final de la calle Murillo, cerca de Pintor López.

■ **nach dem Standort von Gegenständen fragen**
  ▶ ¿Dónde está el archivador?
  ▷ Está al lado de la impresora.

  ▶ ¿Hay un fax en esta planta?
  ▷ Sí, hay un fax entre la impresora y la fotocopiadora.

■ **Rechenarten ausdrücken**
  + sumar, (más).
  - restar, (menos).
  x multiplicar, (por).
  : dividir, (entre).
  = igual a, son.

■ **Interesse und Freude ausdrücken**
  ¡Es magnífica!
  ¡Qué bonita!

■ **eine Bestätigung des bereits Gesagten einholen**
  ..., ¿verdad?

¿Dónde está la oficina?

1. ¿Dónde está tu empresa?

1.1. **Lee el texto. Lesen Sie den Text.**

Mi **empresa** está en el **edificio** la Pedrera de la **calle** Valencia. Estamos en el **barrio** del Ensanche. Nuestras **oficinas** están en el 5º **piso**. El **despacho** de nuestro abogado está en la **plaza** Cataluña, exactamente en la **avenida** Cerdeña 14, en la 2ª **planta**.

1º: primero	**1ᵉʳ:** primer	**1ª:** primera
2º: segundo	**2º:** segundo	**2ª:** segunda
3º: tercero	**3ᵉʳ:** tercer	**3ª:** tercera

La palabra **planta** es sinónimo de **piso** y la palabra **oficina** es sinónimo de **despacho** o **lugar de trabajo**.

1.2. **Relaciona las palabras del texto 1.1. que están en negrita con las fotos.**
Ordnen Sie die hervorgehobenen Wörter aus dem Text 1.1. den Fotos zu.

Foto 1: ....

Foto 2: ....

Foto 3: ....

Foto 4: ....

Foto 5: ....

Foto 6: ....

¿Dónde está la oficina?

1.3. ¿Conoces otras palabras que expresen lugares? Haz una lista.
Welche anderen Wörter für Ortsangaben kennen Sie? Machen Sie eine Liste.

1.4. Escribid en la pizarra las palabras nuevas que tenéis.
Stellen Sie die neuen Wörter an der Tafel zusammen.

[5] **1.5.** Escucha estas conversaciones y completa el texto.
Hören Sie und ergänzen Sie die Dialoge.

1. ► Sra. Ramos, ¿dónde .... **(a)** su empresa?

▷ Construluz .... **(b)** en la avenida de la Constitución, nuestras oficinas .... **(c)** en el edificio Colón.

2. (Hablando por el móvil).

► ¡Álvaro, ¿ .... **(d)** todavía en la plaza Castilla?

▷ No, ahora .... **(e)** en la calle Galdós, nº 16, en el 1er piso.

3. ► ¿Dónde .... **(f)** su despacho, Sr. Go?

▷ En el edificio "Casa Giralda", en la calle Zorrilla, nº 15.

4. ► Sra. Ribalta, ¿su consultoría .... **(g)** en el barrio del Pilar?

▷ Sí, en la plaza de Aragón, en un edificio antiguo, precioso, ... **(h)** en el 3er piso.

5. ► Construluz .... **(i)** en la avenida de la Constitución, ¿verdad?

▷ Sí, en el edificio Colón. Yo trabajo en la 3ª planta y María .... **(j)** en la 7ª.

1.6. Completa el cuadro con las formas del verbo "estar".
Ergänzen Sie die Tabelle mit Formen von "estar".

	estar
Yo	
Tú	
Él - ella - usted	
Nosotros - nosotras	estamos
Vosotros - vosotras	estáis
Ellos - ellas - ustedes	

2. En la oficina, ¿dónde está...?

2.1. Observa el plano de la oficina.
Betrachten Sie den Grundriss und vergleichen Sie mit den Beschreibungen unten.

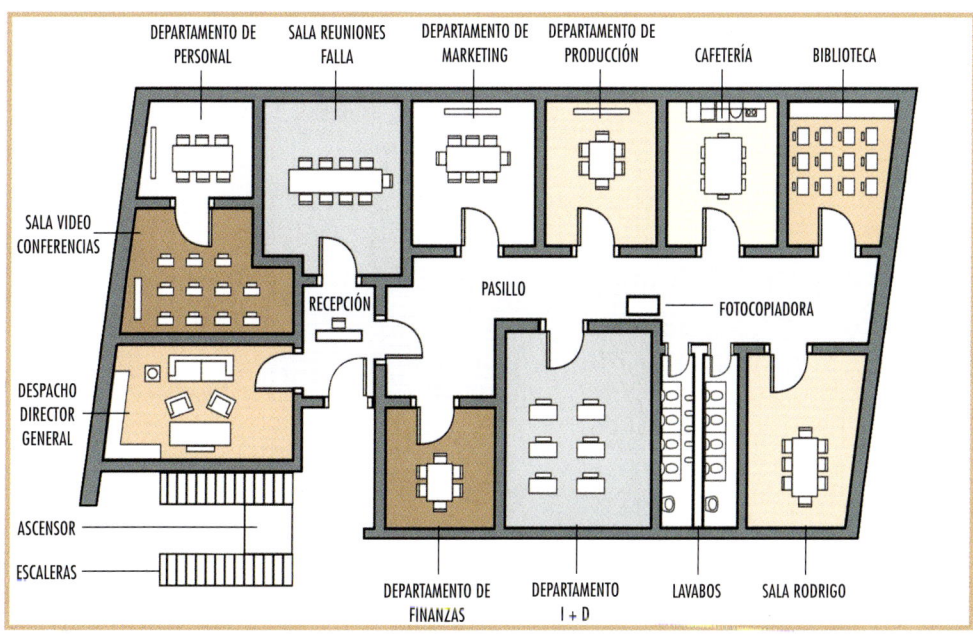

- El departamento de marketing está **enfrente del** departamento de finanzas.
- La cafetería está **al lado de** la biblioteca.
- La sala Rodrigo está **al final del** pasillo, **a la derecha**.
- La biblioteca está **al final del** pasillo, **a la izquierda**.
- El departamento de I + D está **entre** los lavabos **y** el departamento de finanzas.

- al lado de la /del /de las /de los
- enfrente de la /del /de las /de los
- a la izquierda de la /del /de las/ de los
- a la derecha de la /del /de las /de los
- al final de la / del /de las/ de los
- entre la / el / las / los y la / el / las / los

| de + el = del | a + el = al |

¿Dónde está la oficina?

2.2. Completa la información según el plano.
Ergänzen Sie die Sätze unten mit den Informationen aus dem Grundriss.

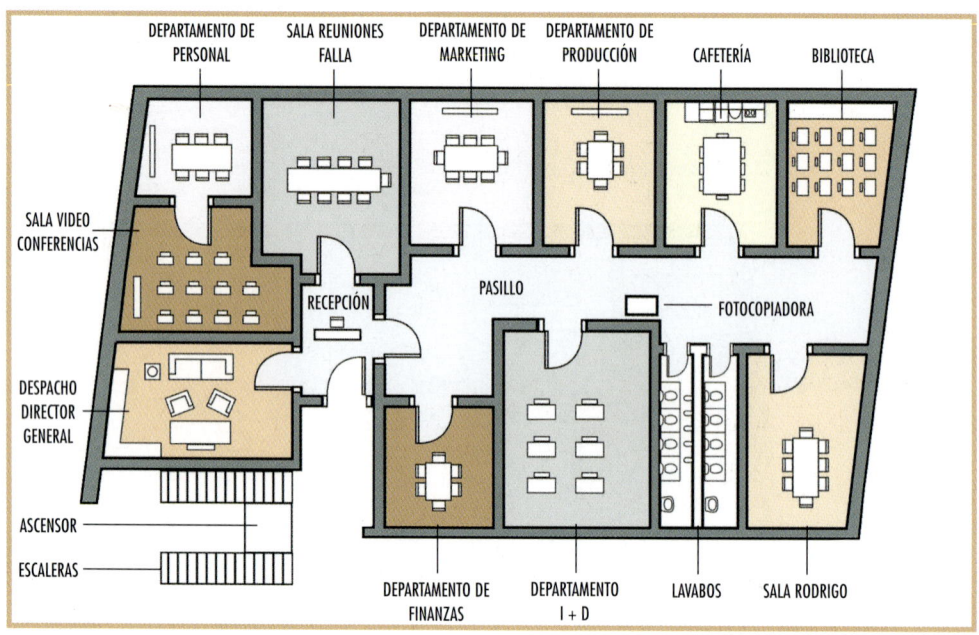

DEPARTAMENTO DE PERSONAL · SALA REUNIONES FALLA · DEPARTAMENTO DE MARKETING · DEPARTAMENTO DE PRODUCCIÓN · CAFETERÍA · BIBLIOTECA

SALA VIDEO CONFERENCIAS · RECEPCIÓN · PASILLO · FOTOCOPIADORA

DESPACHO DIRECTOR GENERAL

ASCENSOR · ESCALERAS

DEPARTAMENTO DE FINANZAS · DEPARTAMENTO I + D · LAVABOS · SALA RODRIGO

1. El departamento de marketing está .... sala de reuniones Falla.

2. La cafetería está .... lavabos.

3. El ascensor está .... escaleras.

4. La sala de vídeo-conferencias está .... despacho del director.

5. El despacho del Director general está .... recepción.

6. La recepción está .... departamento de personal y el departamento de finanzas.

7. El departamento de I + D está .... departamento de producción.

8. La biblioteca está .... pasillo, ...

2.3. Explícale a tu compañero la distribución de tu empresa, él va a dibujar un plano. ¿Es correcto el plano?
Erklären Sie Ihrem Kursnachbar die Aufteilung der Räume in Ihrer Firma. Ihr Kursnachbar zeichnet den entsprechenden Grundriss. Ist der Grundriss richtig?

3. Con la calculadora, ¿qué número...?

3.1. Lee en voz alta las operaciones. Lesen Sie die Berechnungen laut.

Ejemplo: 1 + 1 x 5 – 5 : 5 = 1
> Uno **más** uno, dos. Dos **por** cinco, diez. Diez **menos** cinco, cinco. Cinco **entre** cinco, uno. **Igual** a uno.

- **3 + 3 x 6 - 15 =**

  ....

  ....

- **20 - 2 : 6 x 9 =**

  ....

  ....

- **36 : 4 x 10 + 9 =**

  ....

  ....

- **+** sumar: 2 + 2 = 4, dos **más** dos, cuatro.
- **–** restar: 2 - 2 = 0, dos **menos** dos, cero.
- **x** multiplicar: 2 x 2 = 4, dos **por** dos, cuatro.
- **:** dividir: 2:2 = 1, dos **entre** dos, uno.
- **= igual a, son.**

3.2. ¿Cuál es el siguiente número de esta serie? Wie heißt die nächste Zahl?

> *10-20-30-50-70-*

3.3. Los números que ocupan los peldaños de esta escalera forman hacia arriba una razón lógica. ¿Qué números hay en el último peldaño?
Die Zahlen auf den Sprossen der Leiter stehen in einer logischen Reihenfolge.
Welche Zahlen stehen auf der obersten Sprosse?

3.4. Comprueba con tu compañero los resultados. Explica las operaciones.
Vergleichen Sie die Ergebnisse mit Ihrem Partner und erklären Sie den Rechenweg.

¿Dónde está la oficina?

4. En la oficina, ¿qué dicen?

[6] **4.1.** Marca los números que escuches.
Kreuzen Sie die Zahlen an, die Sie hören.

Ejemplo:	✔ a)	10		**1**	☐ a)	25	2
	☐ b)	12			☐ b)	52	22

2	☐ a)	4057 MBG	3	**3**	☐ a)	91-216 36 77	75
	☐ b)	4017 MBG	13		☐ b)	91-217 23 66	65

4	☐ a)	86	15	**5**	☐ a)	M-40	A-50
	☐ b)	96	5		☐ b)	M-30	A-5

4.2. Comprueba si tienes los mismos datos que tu compañero.
Vergleichen Sie Ihre Ergebnisse mit Ihrem Partner.

5. En mi despacho, ¿qué hay? y ¿dónde está?

5.1. Observa el dibujo. Betrachten Sie die Zeichnung.

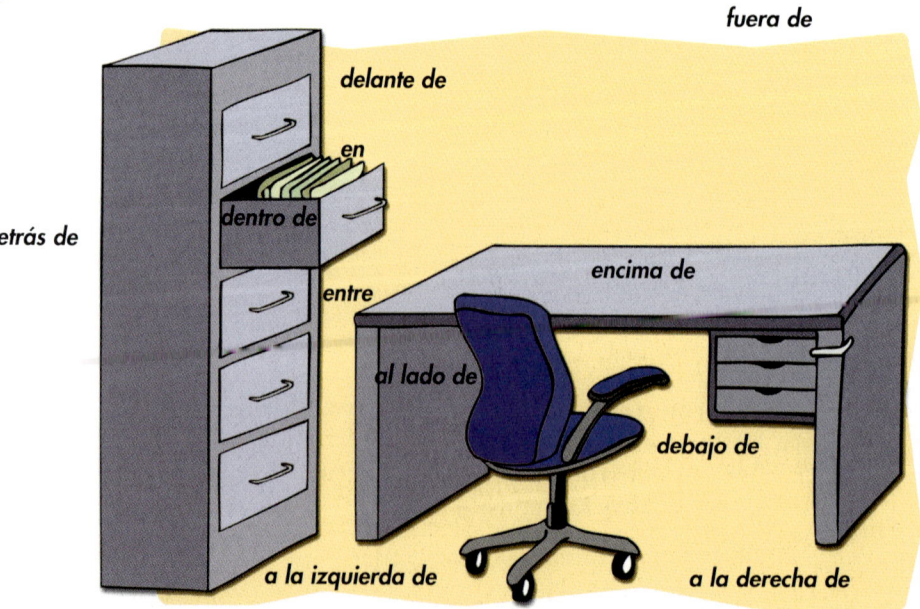

5.2. Elige siete objetos.
Wählen Sie sieben Gegenstände aus.

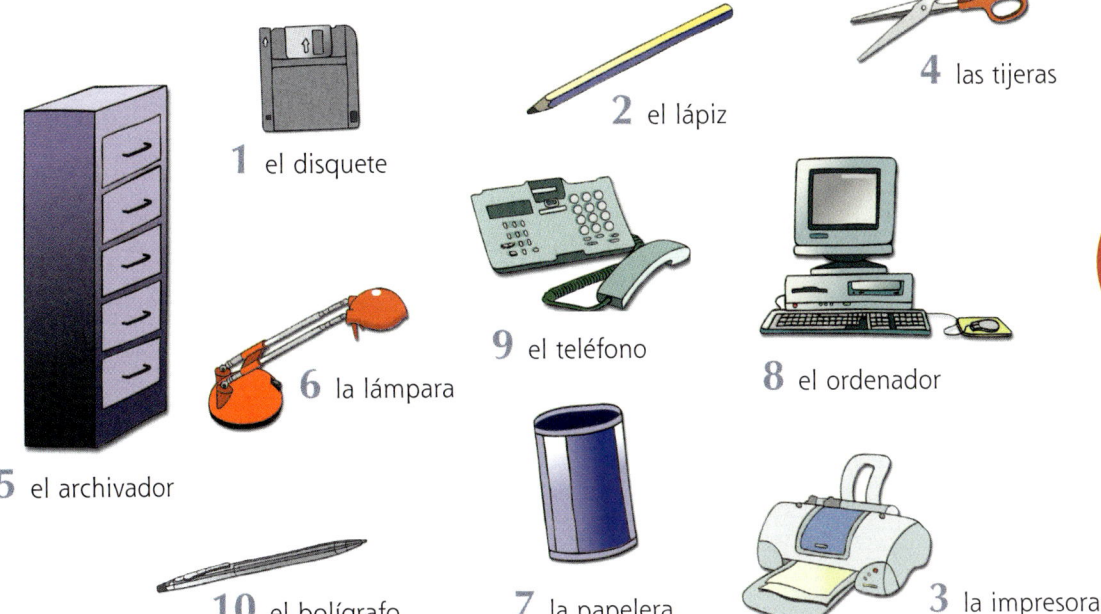

4 las tijeras

2 el lápiz

1 el disquete

9 el teléfono

8 el ordenador

6 la lámpara

5 el archivador

10 el bolígrafo

7 la papelera

3 la impresora

2

Coloca los siete objetos en este dibujo.
Zeichnen Sie die sieben Gegenstände in die Abbildung unten ein.

Mi despacho

¿Dónde está la oficina?

5.3. Pregunta a tu compañero qué objetos ha elegido y dónde están situados. Fragen Sie Ihren Partner, welche Gegenstände er ausgewählt hat und wo sich diese befinden.

Ejemplo: **Alumno A:** ¿Hay un ordenador en tu despacho?
            Alumno B: Sí.
            Alumno A: ¿Dónde está?
            Alumno B: Está encima de la mesa, a la izquierda.

Hay +
- un ordenador encima de la mesa.
- una impresora debajo de la mesa.
- unos lápices al lado del teléfono.
- unas tijeras dentro del cajón.

- El ordenador
- La impresora
- Los lápices
- Las tijeras

+ está / están +

- encima de la mesa.
- debajo de la mesa.
- al lado del teléfono.
- dentro del cajón.

5.4. Escucha las explicaciones de tu compañero y dibuja en el plano. Compara después. Hören Sie die Erklärungen Ihres Partners und zeichnen Sie die Gegenstände in den Plan ein. Vergleichen Sie dann.

El despacho de mi compañero

6. En busca del objeto perdido

6.1. ¿Qué objetos busca la secretaria de la señora Botín? Escucha los diálogos y completa el cuadro.
Was wird gesucht? Hören Sie die Dialoge und ergänzen Sie.

Busca
Diálogo 1 — El archivador.
Diálogo 2
Diálogo 3
Diálogo 4
Diálogo 5

6.2. ¿Dónde están los objetos? Escucha los diálogos otra vez y después completa el cuadro. Wo befinden sich die Gegenstände? Hören Sie die Dialoge noch einmal und ergänzen Sie.

Está, están o hay
Diálogo 1 — El archivador está al lado de la impresora.
Diálogo 2
Diálogo 3
Diálogo 4
Diálogo 5

7. En el taxi

7.1. Escucha la conversación.

El Sr. Azúa está en la Avda. María Cristina cerca de la plaza del Mercado. Señala en el mapa el recorrido que hace en taxi.

Hören Sie das Gespräch.

Sr. Azua befindet sich in der Avda. María Cristina in der Nähe des Marktplatzes. Markieren Sie im Stadtplan den Weg, den Sr. Azua von dort mit dem Taxi fährt.

1. Iglesia del Carmen
2. Torres de Serranos
3. Palacio de Benicarló
4. Iglesia del Temple
5. Instituto de Arte Moderno
6. Catedral del Sto. Cáliz
7. Torres de Quart.
8. Iglesia de los Santos Juanes
9. La Lonja
10. Mercado Central

¿Dónde está la oficina?

7.2. Lee el diálogo y mira si la ruta es la correcta.
Lesen Sie den Dialog und prüfen Sie, ob Sie die Aufgabe 7.1. richtig gelöst haben.

Sr. Arzúa: ¡Taxi!

Taxista: ¡Buenos días!

Sr. Arzúa: ¡Buenos días! A la calle Pintor López n.º 1, por favor. ¿Está muy lejos?

Taxista: No, no. Está a 10 minutos.

Sr. Arzúa: ¿Qué es el edificio de la izquierda, al lado de la parada del autobús?

Taxista: Es el Mercado Central, aquí en la plaza del Mercado está también la iglesia de los Santos Juanes que es muy bonita.

Sr. Arzúa: ¿Dónde?

Taxista: Allí, enfrente, ¿la ve?

Sr. Arzúa: Ah, sí. ¡Es magnífica! ¿Y la Torre de Quart dónde está?

Taxista: Al final de la Calle Murillo. ¡Ahí!

Sr. Arzúa: ¡Qué bonita!

Taxista: Ahora estamos en la avenida Guillem de Castro.

Sr. Arzúa: ¿Allí hay otra iglesia?

Taxista: Sí, es la iglesia del Carmen, es muy antigua.

Sr. Arzúa: ¿Es ésta la calle Blanquerías? Entonces estamos cerca de las Torres de Serranos ¿No?

Taxista: Sí, sí, y ya estamos al lado de Pintor López.

Sr. Arzúa: Perfecto.

7.3. Explícales a tus compañeros qué camino tomas para llegar a tu escuela.
Beschreiben Sie Ihren Weg zum Kursort.

Aquí

Ahí

Allí

Cerca

Lejos

8. Preposiciones

Completa con las preposiciones *en,* *a* **y** *de.*
Ergänzen Sie die Dialoge mit den Präpositionen *en,* *a* **und** *de.*

a + el = al   de + el = del

2

1. ► Perdone, ¿dónde está el despacho .... **(1)** señor Ronda?

   ▷ .... **(2)** la derecha, ... **(3)** lado .... **(4)** la
   sala .... **(5)** reuniones.

2. ► Marta, ¿la agenda, por favor?

   ▷ Está encima .... **(1)** la mesa, ... **(2)** la izquierda
   .... **(3)** los libros.

3. ► Perdona, ¿el despacho .... **(1)** señor Camıno?

   ▷ El 25, está .... **(2)** la segunda planta.

4. ► ¿Hay una fotocopiadora?

   ▷ Sí, ... **(1)** final .... **(2)** pasillo.

5. ► Mi oficina está .... **(1)** el edificio "Casa
   Giralda" .... **(2)** la calle Zorrilla.

¿Dónde está la oficina?

9. Escribe

El mensaje electrónico

9.1. Los elementos de un mensaje electrónico.
Die einzelnen Bestandteile einer E-Mail.

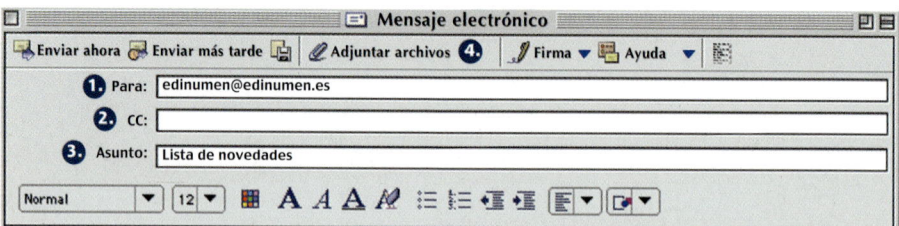

1. **Para:** nombre del destinatario principal y su dirección electrónica.

2. **CC:** nombres de otros destinatarios y sus direcciones electrónicas.

3. **Asunto:** contenido del mensaje, título.

4. **Adjuntar archivos:** enviar archivos de texto, imágenes, etc. junto al mensaje.

9.2. Completa la cabecera del mensaje electrónico y el documento adjunto "Problemas / Averías" con la siguiente información.
Ergänzen Sie die E-Mail und das Formular "Problemas / Averías" mit folgenden Angaben.

- Eres Juan Montoya Pérez, jefe de producción de la cadena de montaje. Tu dirección de correo electrónico es jefe-producción@acerex.es
- El destinatario del mensaje es el departamento de informática: depto-informatica@acerex.es
- Tu despacho es el p-12 y está en el edificio 1.
- Hoy es 24 de febrero de 2002.
- La impresora está estropeada.

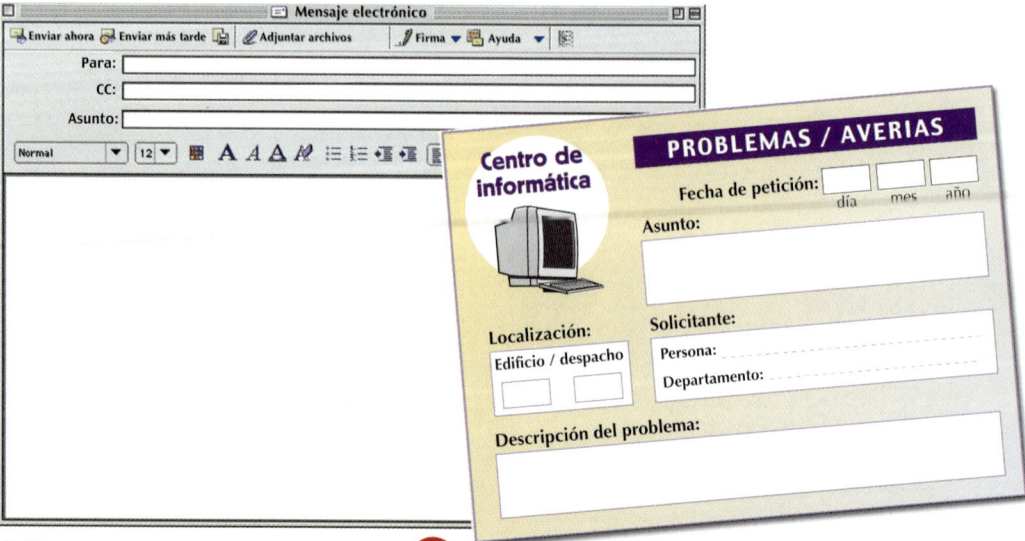

10. Diferencias culturales

La ciudad para una empresa

10.1. ¿Cuál es tu ciudad europea favorita para vivir? ¿Y para hacer negocios?
In welcher europäischen Stadt würden Sie am liebsten leben? Wo würden
Sie am liebsten Geschäfte machen?

Ejemplo: Mi ciudad favorita para vivir es Roma y para hacer negocios Zurich.

París Francfurt Bruselas
Lisboa
Barcelona Manchester Amsterdam
Milán Munich
Génova Zurich
Lyon Madrid Berlín Hamburgo
Oslo Praga Viena Dublín Estocolmo Londres
Turín Varsovia Budapest Atenas Moscú
Copenhague Roma

2

10.2. Preparad una lista con las preferencias de toda la clase.
Erstellen Sie eine Kursstatistik.

10.3. Lee los resultados del informe de la compañía británica Healey and Baker.
Lesen Sie die Ergebnisse der Untersuchung der englischen Firma Healey
und Baker. Vergleichen Sie mit Ihrer Kursstatistik.

Las mejores ciudades para instalar un negocio

Ciudad	Clasificación 1994	Clasificación 1995	Clasificación 1996	Puntuación ponder. 1996	Ciudad	Clasificación 1994	Clasificación 1995	Clasificación 1996	Puntuación ponder. 1996
Londres	1	1	1	0,99	Dublín	–	14	16	0,10
París	2	2	2	0,66	Glasgow	17	18	17	0,09
Francfort	3	3	3	0,50	Estocolmo	14	16	18	0,08
Bruselas	4	4	4	0,34	Hamburgo	17	19	19	0,07
Amsterdam	5	5	5	0,28	Viena	23	20	20	0,06
Barcelona	7	6	6	0,20	Praga	16	21	21	0,06
Zurich	6	7	7	0,17	Lyon	17	22	22	0,06
Milán	9	8	8	0,16	Budapest	22	24	23	0,05
Madrid	10	9	9	0,15	Copenhague	24	25	24	0,05
Munich	11	12	10	0,14	Roma	27	23	25	0,04
Manchester	11	13	11	0,13	Varsovia	17	26	26	0,04
Düsseldorf	8	10	12	0,13	Oslo	25	28	27	0,03
Ginebra	11	11	13	0,12	Turín	27	27	28	0,03
Lisboa	17	17	14	0,11	Moscú	29	30	29	0,02
Berlin	14	15	15	0,10	Atenas	25	29	30	0,02

Periódico Expansión

¿Dónde está la oficina?

10.4. ¿Cuáles de estos factores son importantes para hacer negocios?
Welche der folgenden Faktoren sind wichtig, wenn Sie in einer Stadt
Geschäfte machen wollen? Wählen Sie drei Faktoren aus.

Factores esenciales para decidir la ubicación	1996 % (Base 509)
1. Fácil acceso a los mercados y clientes	63
2. Enlaces con otras ciudades y transporte internacional	52
3. La calidad de las telecomunicaciones	46
4. Coste y disponibilidad de los empleados	43
5. El clima que vean los gobiernos para las empresas mediante políticas fiscales	36
6. Relación calidad / precio del espacio para oficinas	26
7. Facilidad de viaje dentro de la ciudad	22
8. Disponibilidad de espacio para oficinas	22
9. Idiomas hablados	18
10. Poca contaminación	11
11. Calidad de vida para los empleados	10

Periódico Expansión

11. Lectura

 11.1. Según tu opinión, ¿las afirmaciones siguientes son verdaderas o falsas?
En la columna "Antes de leer", marca con una cruz tu elección.
Sind die Aussagen 1.-4. Ihrer Meinung nach richtig oder falsch?
Kreuzen Sie die Antwort in der Spalte „Antes de leer" an.

	Antes de leer		Después de leer	
	verdadero	falso	verdadero	falso
1. Hay un tipo de ordenador que se puede llevar en el bolsillo de la chaqueta.	☐	☐	☐	☐
2. Con este ordenador se pueden traducir frases a todos los idiomas.	☐	☐	☐	☐
3. Con este ordenador se puede ver una película de cine.	☐	☐	☐	☐
4. Con este ordenador se puede consultar un guía gastronómica.	☐	☐	☐	☐

11.2. Lee el texto.
Lesen Sie den Text.

La oficina en el bolsillo

¿Qué hace usted en la oficina?... Pues todo eso lo puede hacer ahora en cualquier lugar del mundo con el nuevo ordenador Psion 3A-X. Es como una oficina que puede llevar en el bolsillo de la chaqueta: enviar un fax, escribir un informe, realizar cálculos financieros y, además, traducir frases a 13 idiomas. Puede usar la información con un ordenador Apple o PC; tiene programas para conocer los horarios de salida y llegada de los vuelos; tiene información sobre el vino y los platos a los que acompaña, sobre las costumbres y usos de los países, etc.

2

11.3. Después de leer el texto, marca con una cruz en la columna "Después de leer" y compara con lo marcado antes.
Kreuzen Sie nun die Antworten in Übung 11.1. in der Spalte „Después de leer" an und vergleichen Sie mit den Antworten von „Antes de leer".

11.4. ¿Tienes un ordenador así? ¿Te gustaría tenerlo? ¿Crees que tiene utilidad? Comenta tus opiniones con tus compañeros.
Haben Sie so einen Computer? Hätten Sie gerne einen?
Wenn ja, warum? Diskutieren Sie im Kurs.

Tarea final

Montar una empresa. Standort eines neuen Unternehmens.

1. Sie wollen ein Unternehmen gründen. Wählen Sie eine Stadt aus. Legen Sie zuerst fest, um welche Art von Unternehmen es sich handelt und suchen Sie dann einen geeigneten Standort in der Stadt dafür aus. Arbeiten Sie in Gruppen.

2. Präsentieren Sie im Plenum Ihre Firma und deren Lage, und begründen Sie Ihre Entscheidung.

3. Schreiben Sie eine E-Mail um Ihre Kunden über Ihren neuen Standort und den Weg dorthin zu informieren.

4. Schreiben Sie eine E-Mail an Ihren Lieferanten für Büromaterial und machen Sie eine Bestellung für Ihre neue Firma.

¿Dónde está la oficina?

HISPANOAMÉRICA

HISPANOAMÉRICA

1 Rodrigo está en su empresa. Está hablando con Esmeralda, su secretaria argentina, sobre su próximo viaje a Buenos aires y México DF.

> Esmeralda necesito saber la dirección de las empresas que voy a visitar y cómo llegar.

> Ahora mismo prendo la computadora, envío un mensaje electrónico a los proveedores y pido la dirección.

2 ## El e-mail

Éste es el e-mail que envía Esmeralda a Ana Isabel del Tour Operador mexicano *Yucatán Salvaje* y a Teresa Clara de *Argentina desde el Aire, Ocio y Aventura.*

🖳 Enviar ahora 📩 Enviar más tarde 🖼️ 🖉 Adjuntar archivos   ✒ Firma ▼ 🖼️ Ayuda ▼

Para: teresaclaravidela@argentinadesdeelaire.com

CC: anaisabelgarcia@yucatansalvaje.com

Asunto: Viaje a México y Buenos Aires

Normal ▼ 12 ▼ 🖽 **A** *A* A̲ A̶ ≔ ≔ ⊣≣ ≣⊢ ≣▼ 🖼▼

El señor Rodrigo necesita saber dónde está ubicada la empresa de ustedes y cómo llegar a las oficinas desde el aeropuerto.

Gracias,

Esmeralda.

El mensaje telefónico

Esmeralda recibe en el contestador telefónico el mensaje de Teresa Clara desde Argentina.
Escucha el mensaje de Teresa Clara y marca en el plano el recorrido que recomienda. Hören Sie die Nachricht von Teresa Clara und zeichnen Sie auf dem Stadtplan den Anfahrtsweg ein.

[9]

Otro e-mail

Éste es el mensaje de Ana Isabel desde México.
Señala en el mensaje las diferencias con el español peninsular. Compara después con tus compañeros.
Welche Unterschiede zwischen spanischem und lateinamerikanischem Spanisch finden Sie in dieser E-Mail? Markieren Sie.

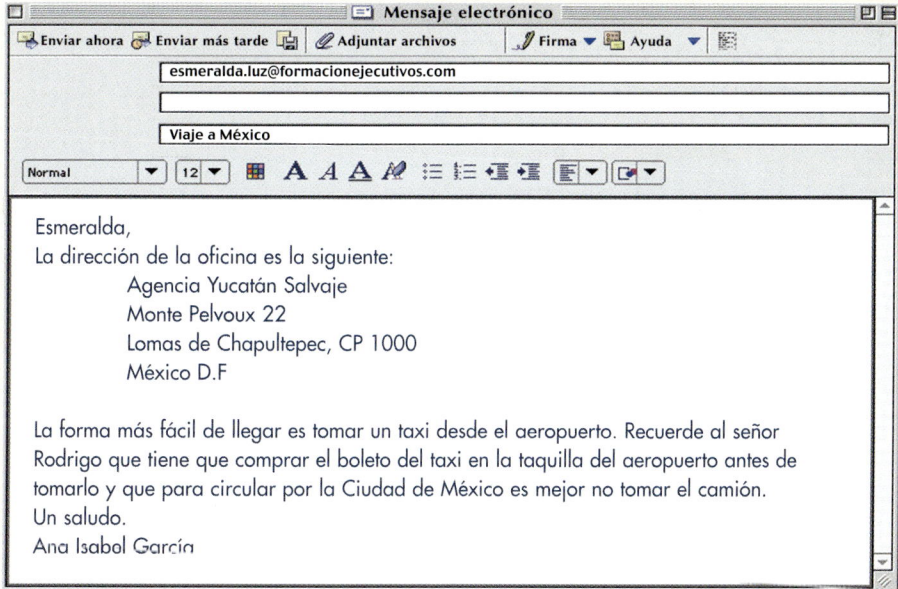

¿Dónde está la oficina?

5

[10]

Rodrigo, revise la ubicación.

COSTA RICA

COLOMBIA

PERÚ

BRASIL

PARAGUAY

URUGUAY

Escucha la siguiente información.
Fíjate en la forma de hablar.
¿Puedes decir de dónde es?
Y ahora, escribe los nombres de
los países hispanoamericanos
que faltan en el mapa.

Hören Sie die Angabe und ach-
ten Sie besonders auf die
„Sprache" der Person.
Aus welchem Land kommt sie
wohl?
Schreiben Sie anschließend die
Namen der spanischsprachigen
Länder auf, die auf der Karte
fehlen.

6

Rodrigo, observe estas diferencias.

- En Argentina dicen "de usted" por "su". Por ejemplo, en el mensaje de Esmeralda, ella escribe "la empresa de usted" y en España usan el adjetivo posesivo "su".

- En Argentina dicen "prender la computadora"; en España dicen "abrir o encender el ordenador".

- En México dicen "oriente" o "este" (punto cardinal); en España dicen sólo "este".

- En México dicen "boleto"; en España dicen "billete" o "tíquet".

Palabras entrecruzadas

Completa este crucigrama.
Lösen Sie das Kreuzworträtsel.

Rodrigo, revise el vocabulario de la unidad 2 y...

Verticales:

1. En México y Argentina dicen "pizarrón", en España...

2. En Hispanoamérica y España dicen oficina pero en Hispanoamérica nunca dicen...

3. En Argentina y México dicen "computador" o "computadora", en España...

4. En México se llama "camión" y en Argentina "colectivo", en España...

Horizontales:

1. En México dicen "lapicera", en España...

2. En México los documentos están en el "archivero", en España están en el...

3. En México y Argentina dicen "baño", en España...

4. En México dicen "elevador", en España...

5. En México y Argentina dicen "mouse", en España dicen...

¿Dónde está la oficina?

In dieser Lektion lernen Sie:

■ **den Charakter von Personen beschreiben**
Es una mujer creativa y dinámica.

■ **über tägliche Aktivitäten von Personen und Firmen sprechen**
Llego a la oficina, organizo la agenda…
Estamos discutiendo las nuevas estrategias.
La compañía está organizando una red de ventas.

■ **Äußerungen in die richtige Reihenfolge bringen**
Primero…
A continuación…

■ **über Gewohnheiten und deren Häufigkeit sprechen**
Siempre.
Casi siempre.
A veces.

■ **Informationen geben und vergleichend darstellen**
Pero…
En cambio…

¿A qué se dedica usted?

1. Una jefa ideal

1.1. Escucha la descripción de esta jefa ideal.
Hören Sie die Beschreibung der „idealen" Chefin.

[11]

1.2. Lee la lista y vuelve a escuchar la audición. Marca las actividades que hace la jefa ideal.
Lesen Sie die Liste und hören Sie noch einmal. Kreuzen Sie die Aktivitäten der „idealen" Chefin an.

☐ Trabaja todo el día   ☐ Come con sus colaboradores

☐ Controla a sus empleados   ☐ Prepara con detalle las reuniones

☐ Revisa el trabajo de sus empleados   ☐ Interrumpe en las reuniones

☐ Habla con los empleados   ☐ Participa en las actividades sociales

☐ Escribe cartas   ☐ Organiza seminarios

☐ Vive en el centro de la ciudad   ☐ Lee mucho

☐ No escucha   ☐ Escucha música

1.3. Lee otra vez la lista y subraya los verbos. Escribe los infinitivos en la columna correcta.
Unterstreichen Sie in der Liste von 1.2. die Verben und tragen Sie die Verben im Infinitiv in die Tabelle ein.

Terminaciones del infinitivo:

-ar	-er	-ir

¿A qué se dedica usted?

1.4. Lee el texto de la audición y observa cómo se describe a una persona. ¿Qué adjetivos se utilizan? Subráyalos.
Unterstreichen Sie die Adjektive, die zur Beschreibung einer Person verwendet werden.

Mi jefa ideal, me preguntas cómo me imagino a mi jefa ideal. Bien, pues mi jefa es... Es una mujer joven y dinámica. Es una mujer sensible, formal, es trabajadora, es espontánea... No sé. Lo más importante es el carácter para mí, bueno... también su forma de trabajar. Mi jefa ideal trabaja todo el día, habla con los empleados, come con sus colaboradores, prepara con detalle las reuniones, participa en las actividades sociales de la empresa... Y fuera del trabajo... Lee, lee mucho, escucha música y vive en el centro de la ciudad. No sé, es una persona sencilla y cordial.

1.5. ¿Y cómo es "Tu jefe / jefa ideal"? Descríbelo/-la.
Beschreiben Sie Ihren „idealen Chef" / Ihre „ideale Chefin".

2. Un día normal en el trabajo

2.1. Lee las expresiones y subraya los verbos. ¿Sabes lo que significan? Deduce su significado.
Unterstreichen Sie die Verben und klären Sie deren Bedeutung.

- Abrir el correo electrónico
- Llegar a la oficina
- Organizar la agenda
- Preparar la reunión
- Recibir visitas

- Comer con los compañeros
- Discutir en las reuniones
- Contestar los mensajes electrónicos
- Tomar café
- Llamar por teléfono

2.2. ¿Qué haces en tu trabajo un día normal?
Was machen Sie an einem normalen Arbeitstag? Ergänzen Sie die Tabelle auf der nächsten Seite und fragen Sie Ihren Nachbarn. Verwenden Sie die Verben aus 2.1.

- Primero...
- A continuación...
- Luego...
- Después...

- Más tarde...
- Un poco más tarde...
- Seguidamente...
- Por último...

Cuándo	yo	....
Primero		
A continuación		
Luego		
Después		
Más tarde		
Un poco más tarde		
Seguidamente		
Por último		

3

3. Un día en la vida de...

3.1. Lee el texto. Lesen Sie.

> María Botín casi nunca llega tarde al trabajo. Cuando está en su despacho siempre abre el correo electrónico y organiza su agenda. Casi siempre recibe visitas y toma café con ellas en la cafetería de la empresa. En las reuniones casi nunca interrumpe, siempre escucha con atención a sus compañeros y pocas veces discute. A veces come con los empleados y nunca participa en las actividades sociales de la empresa. Pocas veces asiste a seminarios, pero lee mucho sobre temas específicos de su trabajo.

3.2. Subraya los verbos y las expresiones de frecuencia que aparecen en la lectura anterior.
Unterstreichen Sie im Text 3.1. die Verben und die Ausdrücke, die eine Häufigkeit ausdrücken.

3.3. Relaciona las dos columnas según la información del texto.
Was gehört zusammen?

Llegar tarde ·
Abrir el correo electrónico ·
Organizar su agenda ·
Recibir visitas ·
Tomar café con las visitas ·
Interrumpir en las reuniones ·
Escuchar a sus compañeros ·
Discutir ·
Comer con los empleados ·
Participar en las actividades sociales ·
Asistir a seminarios ·

· Siempre

· Casi siempre

· A veces

· Pocas veces

· Casi nunca

· Nunca

¿A qué se dedica usted?

3.4. **¿Qué hacen tus compañeros en un día normal?**
Was machen Ihre Kursteilnehmer an einem normalen Arbeitstag?
Formulieren Sie Fragen und notieren Sie diese in der Tabelle in der Rubrik „Preguntas". Befragen Sie zwei Kursteilnehmer und tragen Sie deren Namen an den entsprechenden Stellen ein.

Ejemplo: **Tú:** Ángel, ¿asistes a seminarios?
Ángel: Yo, pocas veces.
Tú: Y tú, Rebeca, ¿asistes a seminarios?
Rebeca: Yo sí, yo voy a veces, asisto a dos o tres seminarios al año.

Preguntas	Siempre	Casi siempre	A veces	Pocas veces	Casi nunca	Nunca
¿Asistes a seminarios?			Rebeca	Ángel		

3.5. **Resume los resultados de la encuesta y describe a una de las dos personas. Tus compañeros deben averiguar de quién se trata.**
Beschreiben Sie nun eine Person. Im Kurs wird geraten, um wen es sich handelt.

4. ¿Cómo son?

[12]

4.1. **¿Recuerdas las descripciones de "Una jefa ideal"?**
Erinnern Sie sich an die Beschreibung der „idealen" Chefin? Hören Sie dazu im Radio die Ergebnisse einer Studie von Signo 3 zum Thema „Persönlichkeit und Berufswahl".

4.2. **Según el estudio de Signo 3, ¿son estas informaciones verdaderas o falsas?**
Sind nach der Studie von Signo 3 folgende Aussagen richtig oder falsch?

	verdadero	falso
1. Ángel es publicitario, es un hombre muy creativo y dinámico.	☐	☐
2. Carmen es informática de la empresa *Software Klim*. Es una mujer organizada y comunicativa.	☐	☐
3. Mario es abogado. Es reflexivo y trabajador.	☐	☐
4. Pilar es arquitecta, trabaja en la empresa *Construluz*. Es una persona pragmática, precisa e innovadora.	☐	☐
5. Ricardo es ingeniero y trabaja en *Nueva Ingeniería S.A.* Es analítico y responsable.	☐	☐

4.3. **¿Qué significan estos adjetivos?**
Welche Bedeutung haben die Adjektive? Verbinden Sie.

Creativo •   • hace todo muy exactamente
Dinámico •   • con gran capacidad de hacerse cargo de los asuntos
Organizado •   • con espíritu práctico
Comunicativo •   • con capacidad de creación
Reflexivo •   • con dinamismo
Trabajador •   • hace cosas nuevas
Pragmático •   • trabaja mucho
Analítico •   • con gran capacidad de análisis
Responsable •   • con gran capacidad de comunicar
Preciso •   • actúa con reflexión
Innovador •   • con gran capacidad para organizar

4.4. **Comprueba con tu compañero los resultados.**
Vergleichen Sie die Ergebnisse mit Ihrem Partner.

5. ¿Qué están haciendo?

5.1. **¿Qué hacen las personas de las fotos?**
Was machen die Personen? Diskutieren Sie.

a.

b.

¿A qué se dedica usted?

c.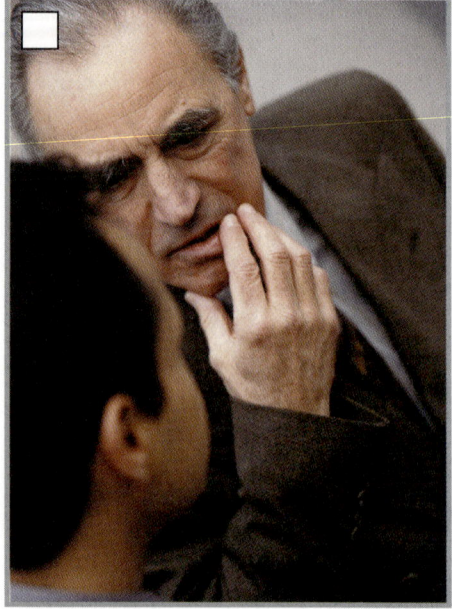

d.

e.

5.2. Escucha los diálogos y relaciona con las fotos.
[13]   Hören Sie die Dialoge und ordnen Sie sie den Fotos zu.

6. ¿Qué están haciendo las empresas españolas?

6.1. Lee las actividades de la tabla y relaciónalas con los „logos" de las empresas que aparecen en la página siguiente.
Welche Aktivitäten der Liste unten passen zu den Firmen auf der folgenden Seite? Ordnen Sie zu.

- Elaborar cava en Cataluña y Chile.
- Firmar alianzas con *WorldCom*.
- Potenciar la cultura a través de la editorial *Centro de Estudios Ramón Areces S. A.*
- Volar a los cinco continentes.
- Vender más de 8 millones de botellas en el mercado de EE. UU.
- Organizar una red de ventas propia en Gran Bretaña.
- Abrir nuevas tiendas.
- Potenciar sus agencias de viaje.
- Ofrecer servicio a 35,5 millones de clientes en España e Iberoamérica.
- Exportar a más de 117 países.

Ejemplo: El Corte Inglés está potenciando sus
agencias de viaje.

....

....

....

....

....

....

....

....

....

....

....

....

....

....

....

....

....

....

....

....

....

....

....

....

6.2. **Comparad vuestras respuestas. Vergleichen Sie Ihre Antworten.**

6.3. **En grupos de tres, preparad una pequeña presentación sobre la actividad actual de una empresa de vuestro país. Utilizad también información gráfica.**
Bereiten Sie zu dritt eine Präsentation über die gegenwärtigen Aktivitäten einer Firma in Ihrem Land vor. Unterstützen Sie die Präsentation mit graphischen Darstellungen.

¿A qué se dedica usted?

7. ¿Cuánto ganan los españoles? (1)

7.1. Lee ahora los resultados de un informe elaborado por la consultora **DNA Servicios Empresariales**, sobre los salarios brutos anuales de diferentes puestos de trabajo. **¿Qué información te falta?**
Lesen Sie die Angaben der Unternehmensberatung **DNA Servicios Empresariales** über die Bruttogehälter in verschiedenen Branchen. **Ergänzen Sie die Tabellen auf S. 56 und 57 mit den fehlenden Zahlen. Arbeiten Sie zu zweit (Alumno A / Alumno B).**

Ejemplo: ¿Cuánto cobra/gana un/una...? / ¿Cuál es el salario de un/una...?

Alumno A

Mantenimiento e ingeniería	Mínimo	Media	Máximo
Jefe de equipo		€ 22.223	€ 28.480
Mecánico	€ 11.643		
Delineante		€ 19.534	€ 23.033
Técnico de laboratorio	€ 15.166		
Ingeniero superior (sin experiencia)		€ 20.678	€ 39.366

Desarrollo de recursos humanos	Mínimo	Media	Máximo
Responsable de selección	€ 26.745		
Responsable de formación		€ 38.823	
Responsable de salarios		€ 42.100	€ 66.222
Jefe de recursos humanos	€ 33.802		€ 43.276

Marketing	Mínimo	Media	Máximo
Jefe de producto		€ 36.544	€ 58.130

Otros	Mínimo	Media	Máximo
Telefonista/recepcionista bilingüe			
Telefonista/recepcionista no bilingüe	€ 11.555	€ 14.290	€ 16.522

Alumno B

Mantenimiento e ingeniería	Mínimo	Media	Máximo
Jefe de equipo	€ 14.646		
Mecánico		€ 18.540	€ 29.100
Delineante	€ 8.267		
Técnico de laboratorio		€ 25.210	€ 29.415
Ingeniero superior (sin experiencia)	€ 13.200		

Desarrollo de recursos humanos	Mínimo	Media	Máximo
Responsable de selección		€ 34.356	€ 39.286
Responsable de formación	€ 20.465		€ 75.870
Responsable de salarios	€ 33.473		
Jefe de recursos humanos		€ 39.184	

Marketing	Mínimo	Media	Máximo
Jefe de producto	€ 24.000		

Otros	Mínimo	Media	Máximo
Telefonista/recepcionista bilingüe	€ 12.833	€ 14.846	€ 19.296
Telefonista/recepcionista no bilingüe			

7.2. **¿Cuánto se gana en tu país en puestos similares?**
Wie viel verdient man in Ihrem Land? Diskutieren Sie in der Klasse.
Sie können dabei folgende Ausdrücke benutzen:

▶ En Austria, un responsable de selección de recursos humanos gana aproximadamente lo mismo que en España.

▷ Pues en Alemania gana entre... y...

Y también:

▶ Una secretaria gana **aproximadamente** € 18.000.

▷ Un jefe de equipo gana **entre** € 30.000 **y** € 36.000.

▶ En España se gana **lo mismo que en** Alemania.

¿A qué se dedica usted?

8. ¿Cuánto ganan los españoles? (2)

8.1. Escucha un informativo de Radio-Economía donde se habla sobre los ingresos en diferentes puestos de trabajo. Antes lee las informaciones.
Lesen Sie und hören Sie dann einen Bericht von Radio-Economía über die Jahresgehälter in verschiedenen Berufen.

puesto de trabajo	mínimo	máximo
Jefe de ventas	€ 27.869	
Comercial		€ 40.812
Jefe de contabilidad y finanzas	€ 22.875	
Técnico contable		€ 25.675
Oficial administrativo	€ 10.870	
Auxiliar administrativo		€ 15.105

[14]

8.2. Ahora escucha y completa las informaciones que faltan.
Hören Sie noch einmal und ergänzen Sie die fehlenden Informationen in der Tabelle.

9. Están buscando...

9.1. Lee estas ofertas de trabajo.
Lesen Sie folgende Stellenanzeigen.

DIRECTOR DEL DEPARTAMENTO DE INFORMÁTICA

Planificador y con dotes de organización. Analítico, crítico, práctico y resolutivo.

Agentes comerciales

Buscamos profesionales con las siguientes características: emprendedor, dinámico, sociable, ambicioso y con ganas de trabajar.

Publicitario

BUSCAMOS una persona con **iniciativa**, **creatividad** y gran capacidad de trabajo.

Con excelentes dotes de comunicación y con don de gentes.

Secretaria de dirección

Se busca una persona responsable, con capacidad de trabajar de forma organizada y metódica. Se valora experiencia.

Jefe de formación de recursos humanos

El puesto requiere experiencia, una gran capacidad de trabajo y de análisis.

Facilidad de relación interpersonal.

9.2. Agrupa las expresiones y palabras en los siguientes apartados.
Suchen Sie in den Stellenanzeigen Vokabular zu folgenden Bereichen.

Referencias al contacto y a la relación con las personas	Referencias al trabajo y a la organización	Referencias a una persona con ideas y fuerza

3

- con experiencia
- dotes de
- don de
- facilidad de
- capacidad de/ para
- acostumbrado a
- ganas de

9.3. ¿Coinciden tus resultados con los de tus compañeros?
Vergleichen Sie Ihre Ergebnisse im Kurs und begründen Sie Ihre Entscheidungen.

9.4. Completa el anuncio con las palabras del recuadro.
Ergänzen Sie das Stellenangebot mit den Wörtern im Kästchen.

don de • capacidad de • experiencia • facilidad de • acostumbrada a • dotes de

Importante empresa en expansión desea incorporar

DIRECTOR DE PERSONAL Y RR.HH.

Buscamos:

- Una persona dinámica y .... **(a)** dirigir equipos de trabajo.

- Con .... **(b)** de más de cinco años en Recursos Humanos.

- Con .... **(c)** organización y gran .... **(d)** negociación y comunicación.

- Con .... **(e)** gentes y .... **(f)** relación interpersonal.

¿A qué se dedica usted?

10. Preposiciones

Elige la opción correcta. Welche Präposition passt?

1. Controla *(a, en)* .... sus empleados.

2. Habla *(en, con)* .... sus colaboradores.

3. Vive *(en, con)* .... el centro de la ciudad.

4. Participa *(a, en)* .... las actividades sociales.

5. Escucha *(en, con)* .... atención.

6. Exporta *(a, con)* .... muchos países.

7. Interrumpe *(a, en)* .... las reuniones.

8. Come *(a, con)* .... sus empleados.

11. Escribe

11.1. Trabajáis en el departamento de personal de la empresa Freixenet. Estáis buscando un Jefe de producto.
Redactad el anuncio de la oferta de empleo.

Sie arbeiten in der Personalabteilung der Firma Freixenet und suchen einen Produktmanager. Schreiben Sie eine Stellenanzeige.

11.2. Colocad todos los anuncios por la clase. ¿Cuál es el mejor? ¿A quién le gustaría trabajar para Freixenet? Votad al mejor candidato.

Hängen Sie die Stellenanzeigen im Unterrichtsraum auf. Wählen Sie die beste aus. Wer würde gerne für Freixenet arbeiten? Wählen Sie einen geeigneten Kandidaten aus.

12. Diferencias culturales

El empleado multinacional

12.1. ¿Conoces el significado de estas palabras?
Bestimmen Sie die Bedeutung der Adjektive.

Ser

• diplomático	• educado	• creativo
• preciso	• trabajador	• flexible
• humilde	• puntual	• espontáneo
• honesto	• formal	• pragmático

Estar

• preparado	• enfadado	• concentrado
• cansado	• capacitado	• contento
• estresado	• acostumbrado	• desconcentrado

12.2. ¿Cómo definirías el carácter de los empleados de estos países?
Charakterisieren Sie Berufstätige unterschiedlicher Nationalitäten.

Nacionalidad	es...	está...
francés		
español		
holandés		
alemán		
italiano		
estadounidense		
japonés		
danés		
británico		

12.3. Comentad en grupos las diferencias.
Diskutieren Sie die Unterschiede in der Gruppe.

Ejemplo:

▶ El español es trabajador y puntual, pero está descontento con su sueldo. **En cambio**, el japonés es... y está...

▷ **Pues yo creo que** el español es...

¿A qué se dedica usted?

13. Lectura

13.1. Lee el siguiente texto. Lesen Sie folgenden Text.

El adicto al trabajo

Jorge Martínez, el jefe de la fábrica de Motores S.L., es un trabajoadicto.

Es el primero que entra en la fábrica y el último que sale. Come un bocadillo en su despacho, se lleva trabajo a casa los fines de semana. Libro que lee, película de televisión que ve, periódico que hojea... todo es una fuente de ideas para su trabajo. Jorge Martínez está contento con su trabajo. Disfruta. Está obsesionado con las cifras de producción, con la calidad, con la reducción de costes, con la mejora de los métodos de fabricación...

Sólo tiene tiempo para el trabajo. La familia, los hijos, los amigos y el tiempo libre están después de las 24 horas y los 365 días que dedica al trabajo. "Lo primero es lo primero", piensa y repite a su familia, a sus amigos y a él mismo.

13.2. Lee de nuevo el texto y subraya las palabras que te impiden entender el sentido global del texto. Completa la tabla.
Lesen Sie den Text noch einmal und unterstreichen Sie die neuen Wörter. Ergänzen Sie dann die Wortlisten.

Palabras ya conocidas para recordar	Palabras nuevas	Significado

Tarea final

Un equipo de trabajo ideal. Das ideale Team.

1. Arbeiten Sie zu dritt: Stellen Sie Ihr ideales Arbeitsteam zusammen. Notieren Sie Ihre Ergebnisse in dieser Übersicht.

Nombre de la empresa:

Dedicada a:

■ **Departamento de:**

■ **Número de personas que componen el departamento:**

Descripción del puesto de cada uno de vosotros:

1. ....
2. ....
3. ....

Perfil de cada uno de vosotros:

1. ....
2. ....
3. ....

Valor añadido que aporta cada uno al equipo:

1. ....
2. ....
3. ....

Sueldo:

1. ....
2. ....
3. ....

2. Stellen Sie Ihr Team im Kurs vor.
Diskutieren Sie: Welches Team ist das beste?

¿A qué se dedica usted?

1 Rodrigo Dos Santos llega a Buenos Aires.
Toma un taxi para ir a la empresa. En el taxi está leyendo la sección de clasificados del periódico *La Nación*. Ve el anuncio de su empresa para buscar un delegado en Argentina. Éste es el anuncio que Rodrigo lee:

Importante empresa brasileña
dedicada a la formación de ejecutivos busca:

G e r e n t e

- Preferiblemente porteño.
- Con capacidad para desarrollar proyectos y realizar tareas de atención a clientes.
- Con experiencia en coordinación de eventos.
- Con excelente manejo de las relaciones interpersonales.
- Muy buenos conocimientos de portugués y castellano y de computación.

**Enviar CV y foto urgente, sin omitir remuneración pretendida a:
Plaça Pio X, nº 5 Centro. Río de Janeiro. RJ/CEP 20040-020**

Rodrigo recuerda la unidad 3 de su curso de español. Ahora ve algunas diferencias entre este anuncio escrito por su secretaria argentina, Esmeralda, y los anuncios de su libro de español.

**¿Qué diferencias hay? ¿Puedes ayudar a Rodrigo? ¿En tu país se exige el mismo tipo de requisitos?
Welche Unterschiede gibt es? Können Sie Rodrigo helfen?**

2 Rodrigo sigue en el taxi. El taxista le recomienda visitar los siguientes lugares:

Foto: 1

Foto: 3

Foto: 2

Foto: 4

Lee los textos. Después relaciónalos con las fotos.
Lesen Sie die Texte. Ordnen Sie jedem Text ein Foto zu.

A El local abre sus puertas en 1858. Actualmente es visita obligada para todos los turistas pero pocos bonaerenses son clientes habituales.

Desde 1888 conserva el mismo estilo. En él hay: una biblioteca, sala de lectura, sala de juegos, una bodega habilitada para espectáculos de jazz, múltiples obras de arte donadas por las familias relacionadas con la historia del local.

B Está en el barrio de la Boca, área profundamente italiana, situado cerca del río. Son típicas sus casas bajas, de madera y pintadas de vivos colores.

Aquí, los turistas pueden visitar muchos talleres de pintores y escultores y descubrir la magia del tango *Caminito* de Juan de Dios Filiberto.

C Hoy es zona de Preservación Histórica. En ella están las tanguerías más típicas donde el tango habla de nostalgias y melancolías acompañado por el bandoneón, un tipo de acordeón con forma cuadrada. En los patios de sus casas están los mejores anticuarios de la ciudad que los domingos organizan ventas en la Plaza Dorrego y donde es frecuente oír tanguistas y poetas callejeros.

D Es muy española: muchos "gallegos" (como en Argentina llaman a todos los españoles) viven en ella. En uno de sus extremos está el Congreso y en el otro la Casa Rosada o Casa del Gobierno. En el número 829 está el Café Tortoni. La Avenida 9 de Julio, la avenida más ancha del mundo (134 metros de ancho), cruza esta histórica avenida.

Foto: 1	Foto: 2	Foto: 3	Foto: 4

3

"Argentina desde el aire: ocio y aventura"

Pablo Daniel Galán, director de marketing de *Argentina desde el aire: ocio y aventura*, está esperando a Rodrigo Dos Santos. Rodrigo llega a la oficina de la compañía para discutir la futura colaboración entre las dos empresas.
A continuación el señor Galán, en la sala de reuniones...

[15] **Escucha la presentación. ¿Qué ofrece Pablo Daniel Galán?**
Hören Sie folgende Präsentation. Was bietet Pablo Daniel Galán an?

¿A qué se dedica usted?

In dieser Lektion lernen Sie:

■ *nach der Uhrzeit fragen*
  ► ¿Qué hora es?
  ▷ Es la una.
  ▷ Son las doce y cuarto.

■ *nach Zeitangaben fragen*
  ¿A qué hora abre / cierra la tienda?
  ¿A qué hora empiezas a trabajar?

■ *die Tageszeiten ausdrücken*
  Por la mañana, por la tarde...

■ *das Organigramm eines Unternehmens beschreiben*
  En mi empresa hay 7 departamentos...

■ *Aufgaben von Mitarbeitern beschreiben*
  Soy responsable de...
  Me ocupo / encargo de...
  Tengo que...

■ *einen Termin vereinbaren*
  ¿Tienes / tiene libre el jueves por la mañana?
  ¿Puedes el jueves a las 8?

Organizarse en la empresa

1. ¿Qué hora es?

1.1. Mira la información del cuadro.

en punto   y cuarto   y media   y diez   menos cuarto   menos veinte

Es la una.

Son las dos.

1.2. Escribe debajo de cada reloj la hora correcta.

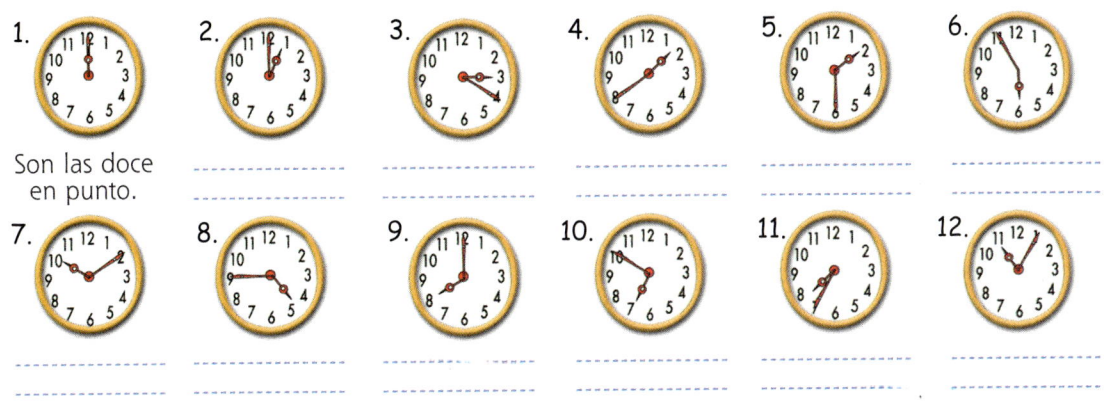

1. Son las doce en punto.

2.

3.

4.

5.

6.

7.

8.

9.

10.

11.

12.

2. ¿La hora digital?

 [16] **2.1.** Escucha los diálogos.

 2.2. Escucha otra vez y dibuja las horas en los relojes.

**La hora digital
¿Cuándo se usa la hora digital?**

Usted oye: "22 horas 40 minutos". ¡Claro!, está en una estación, en un aeropuerto... o está hablando por teléfono con la recepcionista de un hotel o escuchando el servicio de información horaria telefónica.
Pero para responder en la calle, ¡recuerde!: no use la información digital. Ante la pregunta: "¿Qué hora es?", responda simplemente: "Son las once menos veinte".

3. ¿A qué hora abre...?

 3.1. **¿A qué hora abren o cierran?**
Fragen Sie nach den fehlenden Uhrzeiten und ergänzen Sie.
Arbeiten Sie zu zweit (Alumno A / Alumno B).

Ejemplo: ¿A qué hora abre/ abren...? / ¿A qué hora cierra/ cierran...?

Alumno A

Los bancos abren a las _____ de la mañana.

Los bancos cierran a las .... de la tarde.

Por la mañana, las cuatro Bolsas españolas abren a las _____

Las cuatro Bolsas españolas cierran a mediodía, a las ....

Los restaurantes, a mediodía, abren a la _____

Los restaurantes, por la noche, abren a las ....

Correos cierra a mediodía a las _____

Correos abre por la mañana a las ....

Por la mañana, la farmacia abre a las _____

Por la tarde, la farmacia cierra a las ....

La cafetería de la empresa cierra a las _____ de la noche.

La cafetería de la empresa abre a las .... de la mañana.

Alumno B

Los bancos cierran a las  de la tarde.

Los bancos abren a las .... de la mañana.

Los restaurantes, por la noche, abren a las

Los restaurantes, a mediodía, abren a las ....

Por la tarde, la farmacia cierra a las

Por la mañana la farmacia abre a las ....

Las cuatro Bolsas españolas cierran a mediodía, a las

Por la mañana, las cuatro Bolsas españolas abren a las ....

Correos abre por la mañana a las

Correos cierra a mediodía a las ....

La cafetería de la empresa abre a las de la mañana.

La cafetería de la empresa cierra a las .... de la noche.

 3.2. **Relaciona las frases con los relojes y complétalas.**

❑ **1.** Los bancos cierran a las .... de ....
❑ **2.** Los restaurantes, por ...., abren a las ....
❑ **3.** Por ...., la farmacia cierra a las ....
❑ **4.** Las cuatro Bolsas españolas cierran a ...., a las ....
❑ **5.** Correos abre por ...., a las ....
❑ **6.** La cafetería de la empresa abre a las .... de ....
❑ **7.** Los bancos abren a las .... de ....
❑ **8.** Los restaurantes, a .... abren a la ....
❑ **9.** Por ...., la farmacia abre a las ....
❑ **10.** Por ...., las cuatro Bolsas españolas abren a las ....
❑ **11.** Correos cierra a .... a las ....
❑ **12.** La cafetería de la empresa cierra a las .... de ....

a)

c)

d)

b)

f)

e)

g)

h)

i)

j)

Para decir las horas:	**Para indicar una parte del día:**
• ... de la mañana.	• Por la mañana.
• ... del mediodía.	• A mediodía.
• ... de la tarde.	• Por la tarde.
• ... de la noche.	• Por la noche.

Organizarse en la empresa

4. El organigrama

El Sr. Baner quiere conocer a los directores de los departamentos de *Elecnes-España*. **La Sra. Jiménez, directora de finanzas, le dice quiénes son.**
Herr Baner möchte die Abteilungsleiter von *Elecnes-España* **kennen lernen. Frau Jiménez, Leiterin der Finanzabteilung, gibt ihm die entsprechenden Informationen.**

 4.1. Observa el organigrama para conocer la organización de *Elecnes*.

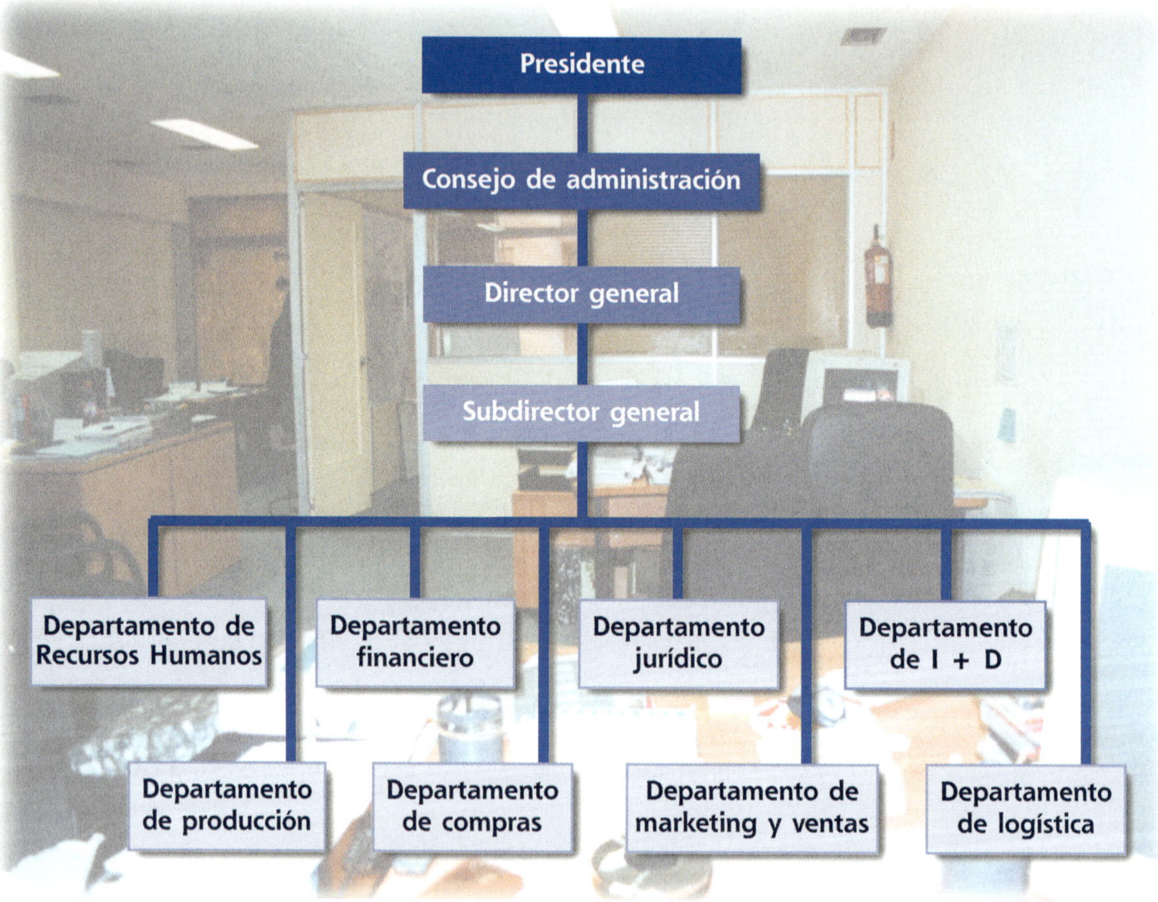

Presidente

Consejo de administración

Director general

Subdirector general

| Departamento de Recursos Humanos | Departamento financiero | Departamento jurídico | Departamento de I + D |

| Departamento de producción | Departamento de compras | Departamento de marketing y ventas | Departamento de logística |

4.2. Escucha al Sr. Baner y a la Sra. Jiménez. Anota los datos que faltan en la siguiente tabla.

[17]

Departamento	Director o directora	Empleados
Financiero	Sra. Jiménez	
	Luis Gomis	
	Ana Castillo	
	Juan Romero	35
	José Pinto	23
	Sr. Losantos	
	Rosa Castro	
	María Jesús García	4

4

4.3. Dibuja el organigrama de tu empresa.

4.4. Presenta a tus compañeros la organización de tu empresa. Toma nota de la de tus compañeros y pregunta la información que necesites.
Präsentieren Sie die Organisation Ihrer Firma im Kurs.
Hören Sie auch die Präsentationen der anderen Kursteilnehmer und fragen Sie nach weiteren Informationen.

Ejemplo:

- ¿Cuántas personas hay en el departamento…?

- ¿Quién es el responsable del departamento…? ¿Quién es el director del departamento…?

▶ En *Elecnes* hay ocho departamentos. En el departamento de marketing y ventas hay 10 personas. En el (departamento) de compras no sé cuántos hay…

5. La agenda

5.1. Las secretarias de Juan Romero y Ana Castillo quieren concertar una cita.
Die Sekretärinnen von Juan Romero und Ana Castillo möchten einen Termin vereinbaren. Lesen Sie die Terminpläne.
Arbeiten Sie zu zweit (Alumno A / Alumno B).

Organizarse en la empresa

Alumno A

	Lunes	Martes	Miércoles	Jueves	Viernes
9:00	Reunirse con Sr. Baner			Viaje a Santander	Visitar a *Contar, S.A.*
10:00			Entrevistar al nuevo técnico		
11:00					
12:00					
13:00					Almorzar con Sra. Fuentes
14:00	Partido tenis con Luis	Comida con Sra. Castro y Sra. Jiménez			
15:00			Natación	Llegar oficina	
16:00				Cerrar actas reunión Santander	
17:00	Revisar cifras de producción del LZ-33				
18:00			Aeropuerto: Santander		
19:00	Cita con sus padres		Cine con José y Ana		

Alumno B

	Lunes	Martes	Miércoles	Jueves	Viernes
9:00					
10:00		Viaje a Valencia en el Alaris: presentación nuevo catálogo		Reunión Sr. Baner	
11:00	Ojo: salir dentista				
12:00	Dentista (12:00-12:30)				
13:00					
14:00				Comida Sra. Castro	Comida con Sr. Latasa. *Gráficas Lujo, S. L.*
15:00				Reunión Sra. Castro (de 15:00 a 19:00)	
16:00	Visita de la Sra. Lázaro: presentación nueva campaña		Regreso de Valencia (no pasará oficina)		
17:00					
18:00					
19:00					

5.2. Concertad una cita entre Ana Castillo y Juan Romero.

Ejemplo:

► ¿Puede el jueves a las ocho de la mañana?

▷ No, el jueves llega a las tres de la tarde de Santander.

► ¿Y el viernes, tiene libre el viernes a las ocho?

▷ ...

6. Mi agenda de trabajo

6.1. Escribe en la agenda lo que haces normalmente cada día. Marca también el mes.

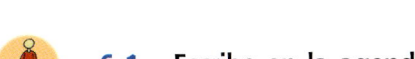

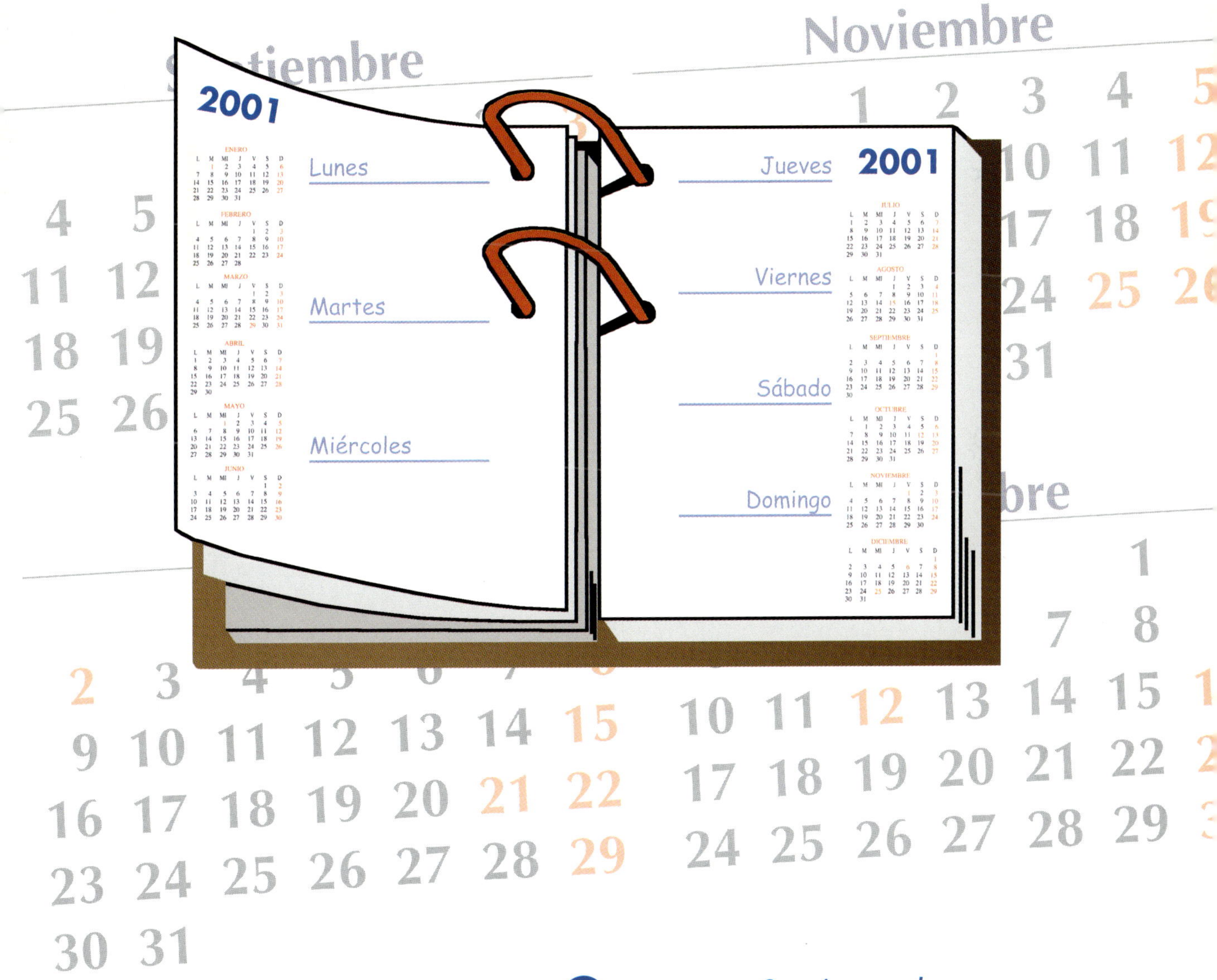

Organizarse en la empresa

6.2. **Explica a tu compañero lo que haces cada día. Anota lo que hace tu compañero.**

Mi compañero: Nombre ....

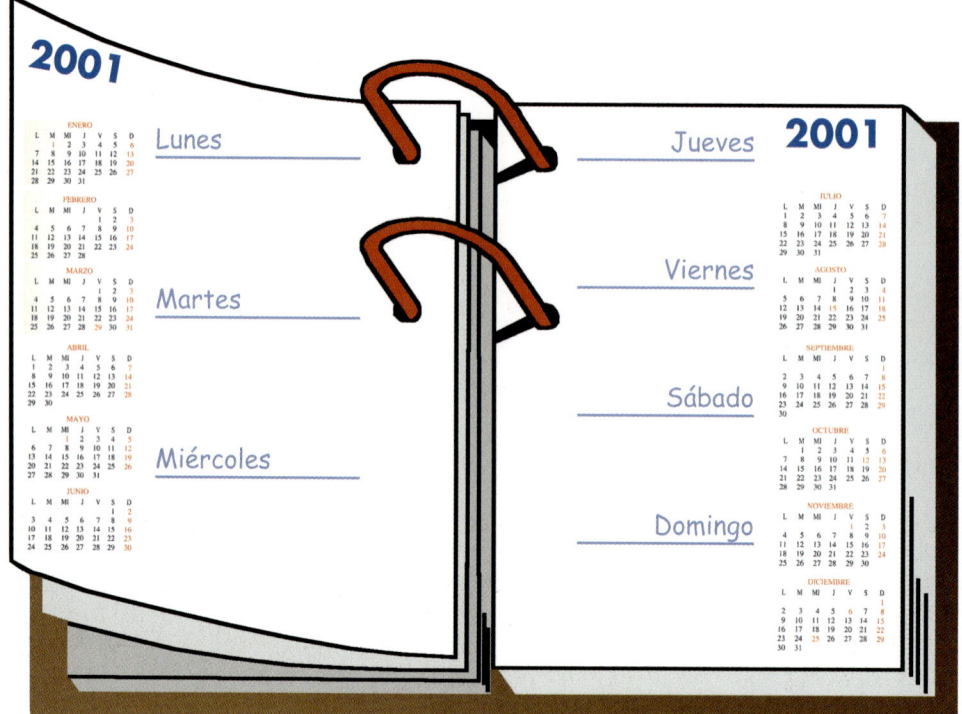

Ejemplo:

- ¿A qué hora empiezas a trabajar?
- ¿Qué haces normalmente los jueves por la mañana?

	hacer	*empezar*
yo	hago	empiezo
tú	haces	empiezas
él-ella-usted	hace	empieza
nosotros-nosotras	hacemos	empezamos
vosotros-vosotras	hacéis	empezáis
ellos-ellas-ustedes	hacen	empiezan

6.3. **Haz un resumen con la información que has recibido y explica a toda la clase lo que hace tu compañero.**
Fassen Sie die Antworten Ihres Partners zusammen und berichten Sie über dessen Aktivitäten.

7. ¿Qué día es hoy?

7.1. **Lee el diálogo y completa el calendario.**

▶ Hoy a mediodía como con el delegado de Galicia y mañana tengo que ir a Barcelona para ver cómo van las ventas en esa zona.

▷ ¿Mañana jueves? Pero si tienes que hablar con el Sr. Garzón.

▶ No, no. Con el Sr. Garzón **me reúno** pasado mañana, el viernes por la mañana, el mismo día de la visita de los empresarios brasileños.

▷ ¡Ah! Esta tarde yo hablo con el representante de los empresarios brasileños para comentar la reunión de anteayer lunes. Si quieres, **me encargo** de transmitirles la agenda para el viernes.

▶ Por cierto, sobre esa reunión del lunes, quiero hablar tranquilamente contigo. Podemos cenar esta noche juntos.

▷ De acuerdo. Entonces, esta noche hablamos también del seminario de ayer martes.

Lunes	Martes	Miércoles	Jueves	Viernes

Para preguntar por la fecha o por el día de la semana se dice:

- ¿A cuántos estamos (hoy)? → Estamos a 14 de junio.
- ¿Qué día es hoy? → Hoy es martes.

Encargarse y reunirse:

- **me reúno con** + *alguien* = tengo una reunión con...
- **me encargo de** + *algo* = soy responsable de...

7.2. **¿Coinciden tus resultados con los de tu compañero?**

7.3. **Ahora anota debajo de cada día la referencia temporal, según el diálogo. Schreiben Sie die Zeitangaben aus dem Dialog unter den entsprechenden Wochentag.**

Lunes	Martes	Miércoles	Jueves	Viernes
			Mañana	

8. Entrevistas

8.1. Completa las entrevistas con los verbos en la forma correcta.

Encargarse

Tener que   Ocuparse

Reunirse

Entrevista 1

► ¿Vd, qué cargo tiene en su empresa y cuáles son sus responsabilidades?

▷ Bien, soy la directora de recursos humanos. En mi departamento **(a)** .... de la **contratación** del personal nuevo: **(b)** .... controlar el proceso de **selección** desde su **comienzo**, desde la **publicación** del anuncio, hasta la **supervisión** de los curricula...

► ¿Llevan ustedes mismos las entrevistas o lo hace el personal técnico de cada departamento?

▷ La primera parte del proceso de selección, nosotros. Después, los jefes o directores de departamento entrevistan a los candidatos para obtener información técnica más precisa.

► ¿De qué otros aspectos **(c)** ....?

▷ Yo **(d)** .... también de la formación del personal. Para ello contratamos cursos específicos o diseñamos cursos a medida.

Entrevista 2

► Usted es el director del departamento de I + D en *Elecness*, ¿de qué **(e)** ....?

▷ Pues, por ejemplo, **(f)** .... dirigir los procesos de investigación de los nuevos **productos**, también **(g)** .... trabajar estrechamente con el departamento de **producción** y de marketing en todos los procesos, los directores de los tres departamentos **(h)** .... con frecuencia para estar coordinados. Nuestro trabajo es mejorar y adaptar los productos a las necesidades del mercado...

yo	**me ocupo**	nosotros/-as	**nos ocupamos**
tú	**te ocupas**	vosotros/-as	**os ocupáis**
él, ella, usted	**se ocupa**	ellos, ellas, ustedes	**se ocupan**

8.2. Vuelve a leer las entrevistas y fíjate en las palabras en negrita. ¿A qué verbos pertenecen?
Lesen Sie die Interviews noch einmal und achten Sie auf die fettgedruckten Wörter. Wie heißen die entsprechenden Verben?

Sustantivo	Verbo

9. Preposiciones

9.1. ¿Recuerdas la preposición?

1 ¿Cuántos empleados hay .... el departamento .... ventas?

☐ **a)** de / de ☐ **b)** en / de ☐ **c)** con / a

2 .... la mañana reviso los pedidos de los clientes.

☐ **a)** a ☐ **b)** de ☐ **c)** por

3 Vosotros sois responsables .... la gestión de los clientes.

☐ **a)** en ☐ **b)** de ☐ **c)** con

4 El director general se quiere reunir hoy .... la mañana................
los directores de todos los departamentos.

☐ **a)** a / con ☐ **b)** por / a ☐ **c)** por /con

5 Tengo poca responsabilidad para mi puesto, sólo me tengo que ocupar
.... pasar los informes.

☐ **a)** de ☐ **b)** para ☐ **c)** en

Organizarse en la empresa

10. Escribe

El envío POSTAL EXPRÉS

10.1. Lee el diálogo y completa el impreso de Correos.

En Cádiz:

▶ Por favor, Jorge, envía este paquete por Postal Exprés.

▷ ¿A quién tengo que enviar el paquete?

▶ A Manuel Salinas, de Oviedo.

▷ Pero Carmen, el Sr. Salinas no vive en Oviedo, vive en Santander.

▶ Sí, es verdad, nos dio su nueva dirección el mes pasado. Es el paseo… Pereda 27.

▷ ¿Sabes el número de teléfono?

▶ Sí, es el 942 41 73 59.

▷ ¿Escribo como remitente el nombre de la empresa?

▶ No, mejor mi dirección particular.

▷ Es la calle Manuel de Falla, número 10, ¿verdad?

▶ Sí, y recuerda que mi apellido es Ezcurra, con zeta y con ce.

▷ Sí, es verdad, siempre lo escribo mal.

▶ ¿Pongo el número de teléfono de casa?

▷ No, el nuevo móvil: 676 78 99 54.

▶ Lo llevaré mañana a Correos.

▷ Muy bien, gracias.

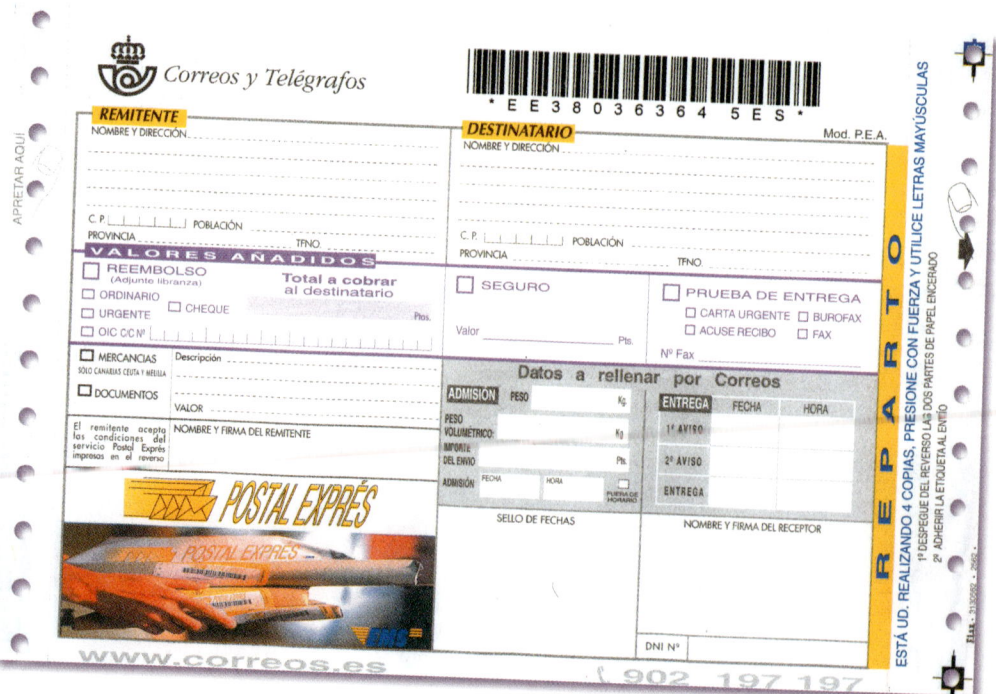

10.2. Lee la información sobre el envío urgente Postal Exprés. Completa el impreso de la página 78 con los datos que aquí encontrarás.

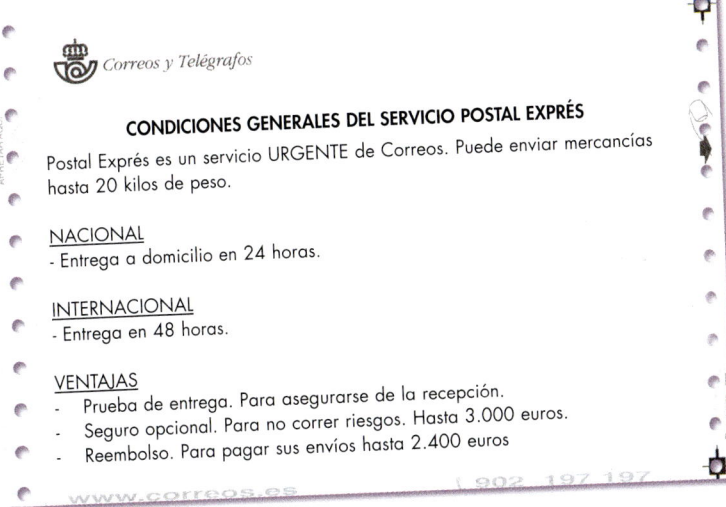

Correos y Telégrafos

CONDICIONES GENERALES DEL SERVICIO POSTAL EXPRÉS

Postal Exprés es un servicio URGENTE de Correos. Puede enviar mercancías hasta 20 kilos de peso.

NACIONAL
- Entrega a domicilio en 24 horas.

INTERNACIONAL
- Entrega en 48 horas.

VENTAJAS
- Prueba de entrega. Para asegurarse de la recepción.
- Seguro opcional. Para no correr riesgos. Hasta 3.000 euros.
- Reembolso. Para pagar sus envíos hasta 2.400 euros

www.correos.es   902 197 197

Código Postal (C.P.)

39 | | | **CANTABRIA**

PEÑAS ROCIAS 39011
PEREDA, PASEO 39004
PEREZ GALDOS 39005
PERINES 39007
PERINES TRAVESIA 39007
PERIODISTA GONZALES 39012
PERO NIÑO GRUPO.................39001
PILAR PRIMO DE RIVERA 39005

Código Postal (C.P.)

11 | | | **CADIZ**

MALLORCA 11203
MANDARIN, EL 11205
MANOLETE 11206
MANUEL DE FALLA 11204
MANZANARES, PASEO 11206
MANZANO 11205
MAR MENOR 11206
MARGARITA 11204

11. Diferencias culturales

El ejecutivo europeo

11.1. Lee el texto. Señala qué afirmación es verdadera o falsa.

- Una cuarta parte de los ejecutivos entrevistados por EBM –European Business Monitor– cree que Alemania es el mejor centro de negocios por razones geográficas. Pero, por ejemplo, España prefiere Francia o Gran Bretaña para realizar negocios.

- Los ejecutivos europeos piensan que sus colegas alemanes trabajan mucho, tienen buena educación y formación, usan con eficacia la informática y lideran bien sus equipos.

- Según la encuesta, los británicos son muy internacionales porque su lengua es la lengua de los negocios.

- Españoles y portugueses poseen buena formación. Los ejecutivos italianos saben identificar bien sus objetivos y perseguirlos.

	V	F
1. Los ingleses son muy internacionales.	☐	☐
2. Los españoles prefieren Gran Bretaña para realizar negocios.	☐	☐
3. Los alemanes son buenos líderes y buenos usuarios de la informática.	☐	☐
4. Los italianos tienen formación.	☐	☐
5. Los portugueses identifican bien sus objetivos.	☐	☐

Organizarse en la empresa

11.2. Señala en el cuadro las características que debe tener un ejecutivo.

	Innecesario	Necesario	Muy necesario
Tener buena educación.			
Tener buena formación.			
Trabajar mucho.			
Hacer deporte.			
Comunicarse bien.			
Liderar bien los equipos.			
Contar chistes.			
Saber distribuir el trabajo.			
Tener carné de conducir.			
Tener visión de futuro.			
Usar eficazmente la informática.			
Saber escuchar.			
Trabajar en equipo.			

11.3. ¿Qué piensan tus compañeros? Haced una estadística en clase con las cinco características más necesarias.

Característica	Necesario	Muy necesario

12. Lectura

12.1. **Lee el texto.**

Las empresas duplican el gasto en formación

La formación continua se está incorporando progresivamente como un elemento esencial en la estrategia empresarial de las compañías españolas.

Esta es una de las principales conclusiones del informe La formación y el desarrollo de los Recursos Humanos en las empresas españolas y su relación con el empleo: Situación, tendencias y expectativas, elaborado por la CEOE.

Durante los años 1993 y 1994 el gasto en acciones formativas pasó del 1% al 2%, sin embargo, éste continúa estando muy alejado de la media de los países de nuestro entorno. Por ejemplo, en Francia, las empresas de 10 trabajadores o más destinaron, en el año 1998, un promedio del 3,27% de la masa salarial bruta a mejorar la cualificación de su capital humano, mientras que en el Reino Unido, la inversión por este capítulo también es significativamente superior.

Cultura empresarial

Los avances también son patentes en lo que se refiere a la implantación de una cultura formativa en la dirección de las empresas. El estudio de CEOE observa que el 88% de las empresas consultadas realizan actividades de formación para sus empleados. En 1993, este porcentaje era únicamente del 27%. Además, el 54% de las compañías consultadas contemplan una partida presupuestaria específica para esta materia, un porcentaje que se eleva al 60% en el caso de empresas con más de 25 empleados. Los sucesivos acuerdos en materia de formación continua suscritos por empresarios y sindicatos tienen una importancia fundamental en la configuración de esta nueva cultura empresarial. Así lo reconocen el 87,5 de los empresarios.

Adaptado de Bruno Pérez, Gaceta de los Negocios

12.2. **Contesta las preguntas.**

1 ¿Cuál es la conclusión del informe de la CEOE?

2 ¿Cuáles son los datos conocidos de Francia?

3 ¿Qué porcentaje se invierte en España en las empresas de más de 25 empleados?

4 ¿Qué reconocen el 87,5% de los empresarios?

12.3. **Compara las respuestas con tus compañeros.**

Tarea final

Del producto a la venta

1. **Lee los datos sobre la empresa „El Caballo".**
Lesen Sie die Angaben über das Unternehmen „El Caballo".

Productos

- Ropa de moda.
- Accesorios de moda en piel (cinturones, bolsos, carteras, etc.).
- Calzado de moda.
- Artículos de equitación y de caza.

Labores que realizan

- Diseño de los artículos.
- Confección y producción de los mismos.
- Venta y distribución.

Formas de distribución

- Tiendas propias.
- Franquicias.
- Clientes con otros puntos de venta.

Mercado

- Destinado al sector medio/alto de la población tanto masculina como femenina.

- Con un total de 43 tiendas en España: Sevilla (3), Madrid (2), La Coruña, Córdoba, Badajoz (2), Bilbao, Marbella, Alicante, Zaragoza, Granada, Oviedo, León, Barcelona, Las Palmas de Gran Canaria, Santa Cruz de Tenerife, Albacete, Castellón, Soria, Pamplona, Málaga, Valencia, Huelva, Salamanca, Santander, Logroño, Vigo, Valladolid, Gijón, Palma de Mallorca; y 9 tiendas en las terminales de los aeropuertos (Aldeasa) además de 1 Factory en Las Rozas-Madrid.

- En Portugal tienen 4 tiendas y cerca de 100 clientes. Hay 1 tienda en el norte de Francia y 2 de próxima apertura, en París y Bruselas. Para Francia y Bélgica existe, además, un proyecto de expansión (40 tiendas en 6 años). En el resto de Europa cuentan con más de 20 clientes.

- En Japón hay 3 tiendas y varios clientes.

- En Sudamérica hay 2 franquicias, en Panamá y Chile; se están negociando otros puntos de venta.

Facturación

- Facturación año 2000: Del grupo 2100 millones.

- Incremento respecto a años anteriores: De 1999 a 2000 fue de un 10%, de 1998 a 1999 fue de un 25%.

2. Pensad en la organización necesaria para poner en marcha esta empresa, las ocupaciones de cada departamento y el número de personas aproximado. Indicad también el horario de la fábrica, de las oficinas y de las tiendas.

Entwerfen Sie für dieses Unternehmen ein Organigramm. Geben Sie die Aufgaben jeder Abteilung und die Anzahl der Beschäftigten an. Legen Sie auch die Arbeitszeiten in der Fabrik, im Büro und in den Geschäften fest.

3. Preparad una presentación con apoyo visual (transparencias, pizarra, cañón de diapositivas...) y exponedla en clase.

Bereiten Sie nun eine anschauliche Präsentation (Overheadfolie, Tafel, Dias...) vor und stellen Sie Ihren Entwurf im Kurs vor.

4. Este es el organigrama de *El caballo*, empresa sevillana dedicada a lo explicado en el apartado 1. Fijaos en su organización y en sus horarios comerciales.

Unter Punkt 1 wurde die Firma *El caballo* in Sevilla beschrieben. Hier ist das Organigramm. Vergleichen Sie Organisation und Geschäftszeiten mit Ihrem Vorschlag.

Ejemplo: ¿Os falta algún departamento en vuestro organigrama?

HORARIOS: Oficinas: 9 a 20.00h
Fábrica: 7 a 15:00h
Tiendas: 10:30 a 20:30h

Organizarse en la empresa

HISPANOAMÉRICA

HISPANOAMÉRICA

1 Tras la primera reunión, Rodrigo Dos Santos y Pablo Daniel Galán comentan la presentación (Recuerda: Lección 3). Rodrigo está satisfecho con la presentación de Pablo Daniel Galán, le gusta el contenido y la personalidad emprendedora de Pablo Daniel. Al final de esta conversación revisan la agenda para los dos próximos días.

[18] **Escucha el fragmento de la conversación.**

2 Rodrigo ha entendido muy bien la conversación pero le ha llamado la atención cómo construyen el presente, cómo hablan de las partes del día, algunas frases...
Ayuda a Rodrigo a refrescar la memoria.
Vuelve a escuchar la conversación y completa la tabla.

En la clase de español aprende...	Pablo Daniel Galán dice...
1. • haces	• (a) ....
2. • por la tarde	• (b) ....
3. • mañana por la mañana	• (c) ....
4. • quieres	• (d) ....
5. • empiezas	• (e) ....
6. • tú	• (f) ....
7. • ¿cuándo nos vemos?	• (g) ....
8. • tienes	• (h) ....
9. • empresarios de diferentes sectores	• (i) ....
10. • puedes	• (j) ....

3 Rodrigo llega a su habitación del hotel después de visitar Buenos Aires.
R.D.S. llama por teléfono a México. Quiere hablar con Ligia Noriega, directora de Planeación de Yucatán Salvaje.
Ésta es la conversación. Lee el diálogo.

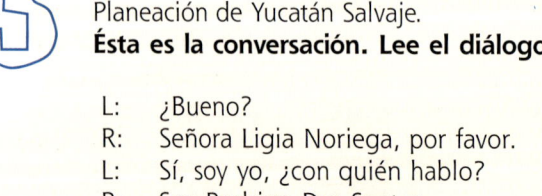

L: ¿Bueno?
R: Señora Ligia Noriega, por favor.
L: Sí, soy yo, ¿con quién hablo?
R: Soy Rodrigo Dos Santos.
L: ¡Ah! ¡Qué bueno que me llama! Desde antier está en Buenos Aires, ¿no?
R: Sí, sí, y voy a llegar el viernes a México. ¿Podemos tener una reunión en su empresa?
L: ¡Cómo no! ¿Le parece bien el viernes en la mañana?
R: Sí, muy bien. Voy a alquilar un coche para moverme por México.
L: Ah, va a rentar un auto en el aeropuerto, eso está bien. Pues, nos vemos a las 10 en mi oficina.

R: ¿Qué hora es ahora en México?

L: Ahorita , pues.... veinte para las 7.

R: Bien, a ver... hay tres horas menos respecto a Buenos Aires. Perfecto Sra. Noriega. Nos vemos el viernes a las 10h. en su empresa.

L: Bien, así podemos platicar tranquilo sobre el tema.

R: ¡Hasta el viernes!

L: ¡Hasta lueguito!

4 Rodrigo quiere saber cómo dirían en España...

1. Desde antier está en Buenos Aires.
2. ¡Cómo no!
3. En la mañana.
4. Va a rentar un auto.
5. Ahorita.
6. Veinte para las 7.
7. Platicar.
8. Tranquilo.
9. Hasta lueguito.

5 De acá y de allá

Rodrigo camino de la Pampa, lee en la revista del avión el siguiente reportaje sobre Argentina.

Algunos datos del texto son incorrectos. Busca los cinco errores.

Argentina, monarquía federal situada en el extremo meridional de Sudamérica. De norte a sur, Argentina tiene una longitud aproximada de 3.300 km, con una anchura máxima de unos 3.000 km. El país engloba parte del territorio de Tierra del Fuego, que comprende la mitad oriental de la Isla Grande de Tierra del Fuego y una serie de islas adyacentes situadas al este, entre ellas la isla de los Estados. Argentina tiene una superficie de 2.766.889 km2, contando las islas Malvinas, otras islas dispersas por el Atlántico Sur y una parte de la Antártida. La costa argentina tiene unos 2.664 km de longitud.

La capital y la mayor ciudad en tamaño es Buenos Aires (la capital federal), con una población de 2.965.403 habitantes. Si a ello le sumamos la aglomeración denominada 'Gran Buenos Aires' o región metropolitana, la población es de 11.256.496 habitantes.

Aproximadamente el 85% de la población es descendiente de europeos. Oficialmente, el país sigue promoviendo la inmigración europea. Entre 1850 y 1940 llegan a Argentina unos 6.608.700 europeos, predominantemente de origen español e italiano, con importantes cifras de franceses, británicos, alemanes, rusos, polacos, sirios y de otros países suramericanos.

Actualmente, más de una tercera parte de la población vive en Buenos Aires o sus alrededores. El 85% de la población reside en áreas urbanas.

La población estimada de Argentina es de 34.264.000 habitantes, con una densidad de 12 hab/km2 aproximadamente.

El castellano es el idioma oficial, y lo habla la abrumadora mayoría de los argentinos. En algunos lugares siguen hablándose varias lenguas indígenas.

Más del 92% de la población es budista. Se practican también el judaísmo, el protestantismo y otras religiones cristianas y no cristianas, aunque muchas sectas y confesiones están prohibidas.

Argentina es un país con un rico legado cultural español, fuertemente influido desde el siglo XIX por la inmigración europea, fundamentalmente por la belga. Se mantiene un vivo interés por la historia del país, simbolizada especialmente en el gaucho. En el ámbito artístico, la influencia más importante es Alemania. Sólo en el arte popular se ha registrado una importante influencia de las culturas indígenas.

Organizarse en la empresa

In dieser Lektion lernen Sie:

■ **beschreiben und vergleichen**
El hotel Ritz es más antiguo que el hotel Palace.
Este hotel es mucho mejor que aquél.

■ **telefonieren im Hotel**
► Quisiera un desayuno continental. Añada dos zumos de naranja.
▷ Por favor, ¿puede...?

■ **Vorlieben ausdrücken**
► ¿Te gusta/n...?

► A mí me gusta/n... ¿Y a ti?
▷ A mí, también / A mí, no.
► Yo prefiero...

► No me gusta/n...
▷ A mí, tampoco / A mí, sí.

■ **um Erlaubnis bitten**
► ¿Puedo pasar?
▷ Adelante. Pase, pase...

■ **über kürzlich Vergangenes sprechen**
Acabo de tomar café.

■ **über die Zukunft sprechen**
Voy a tener una reunión.

El ocio y el negocio

1. Buscar el hotel adecuado

1.1. Relaciona cada icono con su significado.

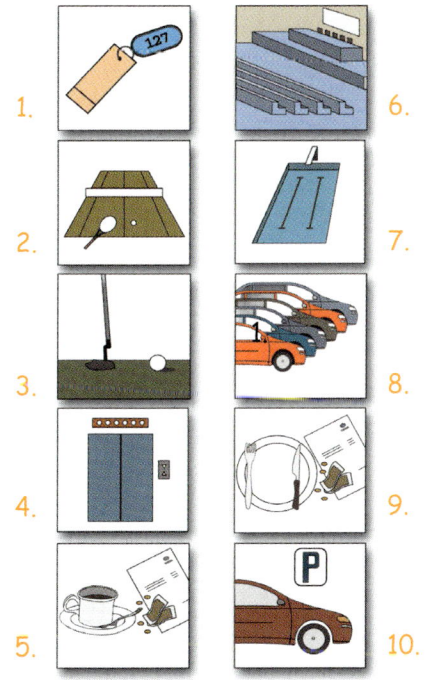

1.
2.
3.
4.
5.
6.
7.
8.
9.
10.

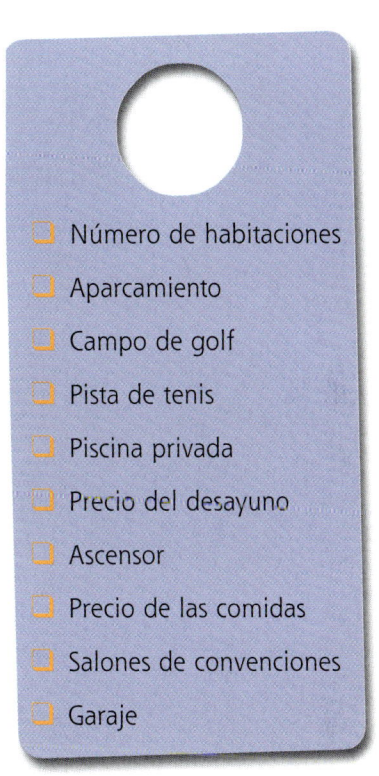

☐ Número de habitaciones

☐ Aparcamiento

☐ Campo de golf

☐ Pista de tenis

☐ Piscina privada

☐ Precio del desayuno

☐ Ascensor

☐ Precio de las comidas

☐ Salones de convenciones

☐ Garaje

1.2. ¿Son igual en tu país? Coméntalo con tus compañeros.

1.3. El señor Azúa va a ir a Barcelona para asistir a la Feria Tecnoturismo. Su secretaria le presenta diferentes posibilidades de alojamiento.

Lee la información sobre cada hotel.

Avenida Palace ★★★★★
Gran Vía de las Corts Catalanes 605 (08007)

Número de habitaciones: 229
Precio habitación doble: € 135,2
Precio habitación individual: € 94,6

Céntrico · Zona comercial · Bar · Restaurante
Sala de reuniones · Sauna

Barcelona Hilton ★★★★★

Av. Diagonal 589-595 (08014)

Número de habitaciones: 290
Precio habitación doble: € 180,3
Precio habitación individual: € 150,2

Parking propio · Céntrico · Zona comercial · Lavandería · Bar · Restaurante · Sala de reuniones · Sauna

Princesa Sofía ★★★★★

Pl. Pius XII, 4 (08028)

Número de habitaciones: 505
Precio habitación doble: € 180,3
Precio habitación individual: € 114

Parking propio · Zona residencial · Lavandería · Bar · Restaurante · Sala de reuniones · Sauna · Piscina cubierta · Piscina al aire libre

Ritz ★★★★★

Gran Via de las Corts Catalanes 664-668 (08010)

Número de habitaciones: 85
Número de Junior Suites: 34
Número de Suites: 5
Número de Suite Real: 1

Precio habitación doble: € 270,4
Precio habitación individual: € 216,3

Parking propio · Céntrico · Room-service: 24 horas · Restaurante especialidad cocina mediterránea · Salón para banquetes y convenciones

1.4. Observa dónde están situados los hoteles y el recinto de la Feria.

1.5. Compara los hoteles utilizando las siguientes estructuras.

Es $+$ {más / menos / tan} $+$ {tranquilo / caro / antiguo / elegante / bonito / barato / ruidoso / pequeño / agradable} $+$ {que / como}

Está $+$ {más / menos / tan} $+$ {lejos de / cerca de} $+$ {que / como}

Tiene $+$ {más / menos / tanto/-a/-os/-as} $+$ {habitaciones / servicios / piscinas} $+$ {que / como}

Ejemplo: El hotel Princesa Sofía está más lejos de la Feria que el hotel Hilton.

1. ....
2. ....
3. ....
4. ....
5. ....

6. ....
7. ....
8. ....
9. ....
10. ....

1.6. **¿Cuál prefieres? Coméntalo con tu compañero y argumenta tu elección.**

Ejemplo: ► Yo prefiero... porque...

2. Sobre hoteles españoles

 2.1. Escucha estos comentarios sobre hoteles en España.
[19]

 2.2. Completa los diálogos.

1. ▶ ¿Conoces los hoteles Rius?

▷ Sí, sí, *(a)* .... cadena está en todas partes, en ciudades grandes, en zonas turísticas... y tiene muy buenos servicios.

2. ▶ ¿Qué opinas del hotel NH-La Perdiz de Córdoba?

▷ *(b)* .... hotel es perfecto, es precioso, está en el campo pero cerca de la ciudad; es perfecto para una reunión de empresa.

3. ▶ Mira, tengo información del hotel Ritz de Madrid y del Sol-Meliá de Princesa también en Madrid, ¿a cuál vamos?

▷ Yo creo que *(c)* .... hotel es más barato que *(d)* .... y los servicios son más amplios.

4. ▶ *(e)* .... hotel de aquí, a la derecha, es un poco viejo.

▷ Sí, sí, *(f)* ...., el hotel de AC, allí, al final de la calle es más moderno.

 2.3. Completa, junto con tus compañeros, la siguiente tabla con las formas de los adjetivos y pronombres demostrativos.

masculino singular	femenino singular	masculino plural	femenino plural
este / éste	esta / ésta		
ese / ése			
aquel / aquél			

¿Te gusta **este** hotel?   No, prefiero **éste**.
¿Te gusta **aquella** habitación?   No, prefiero **aquélla**.

3. El parador: un gran hotel

3.1. Lee la descripción sobre los Paradores Nacionales.
Fíjate en las palabras en color.

PARADORES
Hoteles desde 1928

Central de Reservas de Paradores
Tlfno: 34 91 516 66 66
Fax: 34 91 516 66 57/58
e-mail: info@parador.es

5

Los paradores nacionales son una red de hoteles del Estado que están situados en castillos, palacios o paisajes muy bonitos de España. ¡Tienen mucho encanto! El precio de sus restaurantes y servicios es perfecto, la relación calidad precio es muy ajustada. Yo conozco tres y los tres tienen pocas habitaciones, o sea, no hay demasiado ruido y son muy discretos. Un parador es perfecto para hacer reuniones con los equipos de empresa por su tranquilidad y porque tiene muchos salones muy grandes y muy bien equipados. Además, permite hacer muchas actividades de equipo al aire libre ya que están en lugares cerca de la naturaleza, aunque siempre se llega en coche muy fácilmente, alguno tiene incluso campo de golf. Hay mucha demanda de plazas y hay que reservar con mucha antelación.

- Muy **+** { adjetivo / adverbio
- Mucho/-a/-os/-as **+** sustantivo

3.2. Habla con tus compañeros sobre una estancia en un hotel donde has estado.
Puedes hablar sobre el lugar, los servicios, el personal, el precio...

El ocio y el negocio

4. En el hotel

4.1. **¿Qué dices en estas situaciones? Relaciona las situaciones 1.-10. con las respuestas a.-j.**

1. Estás en el restaurante. Lees la carta y decides qué quieres cenar. Llamas al camarero.
2. El ascensor está muy lleno, llegas a tu piso y tienes que salir del ascensor.
3. No encuentras la caja fuerte de tu habitación para poner unos documentos muy importantes. Llamas a recepción.
4. Cierras la puerta de tu habitación. ¡No! La llave está dentro. Bajas a recepción y pides ayuda.
5. No sabes dónde está la sala de reuniones. En el pasillo preguntas a un empleado del hotel.
6. Quieres cambiar dinero.
7. Llamas al servicio de habitaciones. Deseas desayunar en la habitación.
8. Llegas al hotel. ¿Tienes algún mensaje? Preguntas al recepcionista.
9. Llaman a la puerta de tu habitación. Es el servicio de lavandería.
10. Suena el teléfono. Es una llamada equivocada.

Situación

[1] **a.** ► ¡Camarero! **Por favor**, tome nota.

☐ **b.** ► **Adelante. Pase, pase.**

☐ **c.** ► **Quisiera** cambiar estos dólares por euros.

☐ **d.** ► **Quisiera** un desayuno continental. Añada dos zumos de naranja. Gracias.

☐ **e.** ► Ring, ring, ring…

▷ ¿Sr. Azúa?

► No, **se equivoca**.

☐ **f.** ► **¿Tiene** algún mensaje para la habitación 205? Sr. Fonts.

☐ **g.** ► **Permítame, por favor**.

☐ **h.** ► **Por favor, ¿puede** decirme dónde está la sala de reuniones?

☐ **i.** ► Recepción, ¿dígame?

▷ Sí…, busco la caja de seguridad de mi habitación y… (…)

► **¡Ah! Bien, gracias**.

☐ **j.** ► Buenos días, ¿dígame?

▷ **Por favor**, necesito ayuda para abrir la puerta de mi habitación. No encuentro la llave, creo que está dentro.

► **Sí, un momento…**

4.2. **Para qué sirven las expresiones señaladas en negrita en el ejercicio anterior?**
In welchen Situationen verwendet man die fettgedruckten Ausdrücke aus der vorherigen Übung?

- Para contestar a una llamada equivocada.
- ...

4.3. **Estas formas pertenecen al imperativo.**

- Pase
- Añada
- Permítame
- Dígame

Fíjate en su uso en los diálogos anteriores. ¿Con qué expresiones aparecen?

4.4. **Completa el siguiente cuadro con las formas del imperativo.**

imperativo	-ar	-er	-ir
usted		-a	
ustedes	-en	-an	-an

- Dígame
- Permítame

¿Cuál es la colocación de los pronombres y el imperativo?

5. "Mens sana, in corpore sano"

5.1. **Selecciona, entre las siguientes actividades físicas, las tres más apropiadas para hacer durante un viaje de negocios.**

Jugar al fútbol

Hacer natación

Jugar al golf

Hacer footing

Hacer gimnasia

Hacer aeróbic

Jugar al baloncesto

Hacer yoga

Jugar al tenis

5.2. **Compara tu selección con la de tus compañeros y argumenta tu respuesta. Comentad qué hacéis cuando estáis de viaje de negocios y por qué.**

Ejemplo:

▶ A mí me gusta jugar al tenis pero es difícil, muchos hoteles no tienen pistas y muchas veces no hay una persona para jugar.

▷ Es verdad, a mí me gusta el aeróbic, es más intenso, eliminas estrés más rápidamente. ¿Y a ti?

▶ A mí me gusta mucho jugar al golf. Normalmente estoy todo el día en una sala cerrada, con luz artificial... y el golf es al aire libre, me gustan las actividades al aire libre.

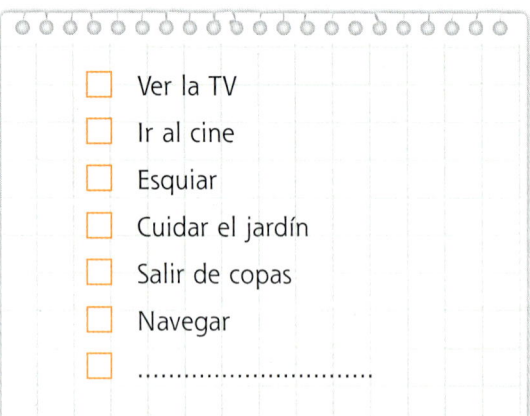

- A mí me gusta **+** { infinitivo / sustantivo singular   • A mí me gustan **+** sustantivo plural

5.3. **Cuando no viajas, ¿qué actividad realizas en tu tiempo de ocio? Si tu actividad favorita no está en la lista, añádela.**

☐ Ver la TV
☐ Ir al cine
☐ Esquiar
☐ Cuidar el jardín
☐ Salir de copas
☐ Navegar
☐ ....

5.4. **Busca entre tus compañeros a alguien que le gusten las mismas actividades que a ti y escribe su nombre en el cuadro de la página siguiente.**

Ejemplo:

 ▶ ¿Te gusta ver la TV?

▷ Sí, me gusta mucho ver la TV por la noche. Y a ti, ¿te gusta ver la TV?

▶ A mí, también. Es relajante.

2. ▶ ¿Te gusta cuidar el jardín?

▷ No, no me gusta. Y a ti, ¿te gusta?

▶ A mí, tampoco. Es muy aburrido.

3. ▶ A mí me gusta ver la TV, ¿y a ti?

▷ A mí, no.

4. ▶ A mí no me gusta trabajar en el jardín, ¿y a ti?

▷ A mí, sí.

| A mí me gusta | A mí, también | A mí me gusta | A mí, no |
| A mí no me gusta | A mí, tampoco | A mí no me gusta | A mí, sí |

Nombres	Ver la TV	Ir al cine	Esquiar	Cuidar el jardín	Salir de copas	Navegar	....	....	....

El ocio y el negocio

6. ¿Qué acaba de hacer el Sr. Azúa y qué va a hacer?

6.1. Observa las ilustraciones. Completa las frases de cada dibujo.

habitación • taxi • café • gimnasia • hotel • desayuno • aeropuerto

1. Acaba de tomar un .... y va a pedir la cuenta.

2. Acaba de hacer ...., va a subir a su .... y va a ducharse.

3. Acaba de llegar al .... y va a subir a su habitación.

4. Acaba de levantarse y va a tomar el ....

5. Acaba de pagar la cuenta del hotel y va a coger un ....

6. Acaba de coger un taxi y va a ir al ....

- *Acabar de* + infinitivo ➡ **acciones pasadas recientes**

- *Ir a* + infinitivo ➡ **acciones futuras**

6.2. Y tú, ¿qué acabas de hacer y qué vas a hacer después?

Haz una lista con cinco actividades pasadas recientes y cinco actividades que vas a hacer después de clase.

Actividades pasadas recientes	*Actividades futuras*
1.	1.
2.	2.
3.	3.
4.	4.
5.	5.

6.3. **En grupos de tres, tenéis que preguntar a un compañero del grupo y descubrir qué acaba de hacer y qué va a hacer, vuestro compañero sólo puede responder "sí" o "no".**

Arbeiten Sie zu dritt: Fragen Sie eine Person aus der Gruppe, was sie gerade gemacht hat (acabar de + Infinitiv) und was sie machen wird (ir a + Infinitiv). Geantwortet wird nur mit „sí" oder „no".

Ejemplo:

▶ ¿Acabas de tomar café?

▷ Sí.

▶ ¿Vas a tener una reunión?

▷ No.

El ocio y el negocio

7. La soledad del viajero de negocios

 7.1. Trabajad en grupos de tres. Cada uno de vosotros elige un país: Francia, Alemania, Gran Bretaña, Italia, Holanda, Noruega o España.

 7.2. Lee, únicamente, la información del país que has elegido.

Así actúan los ejecutivos en sus viajes de negocios

Los ejecutivos franceses se sitúan entre los más trabajadores de Europa cuando hacen un viaje de negocios. El promedio de su jornada laboral cuando viajan es de 11 horas y 45 minutos. Son los que disfrutan más con este tipo de viajes. En su tiempo libre les gusta conocer nuevas personas y hacer turismo.

Los ejecutivos alemanes son los que trabajan más durante sus viajes de negocios. El promedio de su jornada laboral es de 11,6 horas diarias, aunque un 25% de los encuestados dice alcanzar las 14 horas. A los alemanes no les gustan mucho las relaciones sociales y tienen poco tiempo para hacer turismo.

Los ejecutivos británicos son los que realizan viajes más largos, de unas 15 horas, y por eso son los que se quejan más de "jet-lag" y del cansancio. Ellos no consideran los viajes de negocios como una diversión. A ellos no les gusta conocer lugares y personas en su tiempo libre. Echan de menos a sus familias y las comodidades de su casa. Son los que dedican más tiempo a dormir o a trabajar en su tiempo libre.

Los ejecutivos italianos tienen jornadas laborales más cortas, de unas 10 horas y 30 minutos. Les gusta conocer personas y nuevos lugares. Son más exigentes respecto a los servicios y comodidades del hotel.

Los ejecutivos holandeses son muy viajeros, con un promedio de 16,7 viajes al año frente al promedio europeo de 13,5. Son también muy trabajadores. El promedio de su jornada laboral es de 11 horas y 30 minutos. No les gusta visitar nuevos lugares ni ir de compras durante su tiempo libre.

Los ejecutivos noruegos se muestran muy partidarios de realizar viajes de negocios. Organizan y preparan sus viajes de manera razonable y relajada, con una jornada laboral de unas 10 horas y media. Sin embargo, son los ejecutivos que menos disfrutan de su tiempo libre y los que más telefonean a su casa cuando están fuera. Son los menos exigentes con los lujos de los hoteles.

Los ejecutivos españoles consideran la posibilidad de reducir los viajes de negocios o prescindir de ellos. Creen que los encuentros personales no son esenciales y piensan que las vídeo-conferencias pueden sustituir a los viajes. Se quejan del estrés de los viajes. Consideran la posibilidad de poder viajar con su pareja para evitar la sensación de soledad.

Texto adaptado de *La Vanguardia*

7.3. Explica a tus compañeros la lectura correspondiente al país elegido.

7.4. Escucha la información que te dan tus compañeros y escribe los datos más importantes.

Francia

Holanda

Alemania

Noruega

Gran Bretaña

España

Italia

7.5. Lee la información sobre los países que nadie ha elegido.

7.6. Trabajad en equipo el vocabulario nuevo; comentad las palabras que no conocéis y completad el siguiente cuadro.
Erarbeiten Sie in Gruppen den neuen Wortschatz. Klären Sie die Bedeutung der Wörter und ergänzen Sie folgende Übersicht.

Palabra nueva	Definición	Traducción

7.7. Puesta en común: ¿Qué te parece lo que se dice en la lectura? ¿Responde a la realidad?
Entsprechen die Aussagen des Textes der Realität? Diskutieren Sie im Kurs.

El ocio y el negocio

8. Preposiciones

Completa con una de las siguientes preposiciones:

por • con • de • a • para

1. El Sr. Azúa está hablando .... teléfono .... el recepcionista y un camarero llama .... la puerta de la habitación.

2. Los Paradores Nacionales son perfectos .... hacer reuniones .... empresa .... su tranquilidad.

3. Acaba .... llegar un mensaje .... usted.

4. Los ejecutivos españoles viajan .... la familia .... evitar la sensación .... soledad.

5. Cuando no viajan, salen .... copas, juegan .... tenis y van .... esquiar.

9. Escribe

Reserva de hotel

El señor Azúa está la semana del 3 al 7 de octubre en Barcelona en la Feria Tecnoturismo. Su familia va a llegar al aeropuerto del Prat (Barcelona) el sábado a las 10 de la mañana. Quiere reservar dos habitaciones en el Ritz para él, su mujer y sus dos hijos mayores. El mismo Sr. Azúa va a hacer la reserva por Internet.

Completa el formulario de reserva en la página siguiente con estos datos.

Banco Avenida
VISA
8322 5602 3315 9823
CADUCA FINAL ▶ 02/06 JULIO AZÚA IBAÑEZ

PASAPORTE Nº/PASSPORT NO./PASSEPORT NO.
61865234-L
Apellidos/Surname/Nom (1)
AZÚA IBAÑEZ
Nombre/Given names/Prénoms (2)
JULIO
Nacionalidad/ Nationality/Nationalité (3)
ESPAÑOLA
Fecha de nacimiento/Date of birth/Date de naissance (4)
22-07-1961
Sexo/Sex/Sexe (5)
VARÓN
Lugar de nacimiento/Place of birth/Lieu de naissance (6)
VALLADOLID
OFICINA EXPEDIDORA
Ñ
Firma del titular/Holder's signature/Signature du titulaire (10)
Fecha de expedición/Date of issue/Date de délivrance (7)
09-11 2001
Fecha de caducidad/Date of expiry/Date d'expiration (8)
09-11-2011

BILLETE DE PASAJE Y TALÓN DE EQUIPAJE · PASSENGER TICKET AND BAGGAGE CH
EMITIDO POR/ ISSUED BY
VIAJES MUNDONUMEN
FECHA DE EMISIÓN/ DATE OF ISSUE
2·OCT·01
NOMBRE DEL PASAJERO / PASSENGER NAME
AZÚA IBAÑEZ. JULIO
ORIGEN-DESTINO/ORIGIN-DESTINATION
BARCELONA-MADRID

	VUELO/FLIGHT	FECHA/DATE	HORA/TIME	BASE DE TARIFA/FARE BASIS	CLASE/CLASS
AEROPUERTO BARCELONA A/TO	2345-D	09·OCT.	21:30	KLN243	
MADRID BARAJAS A/TO	2345-D	89·OCT.			
A/TO					

BCN MUNDONUMEN FRA76 011

el punto
ESTUDIO DE COMUNICACIÓN
Julio Azúa Ibañez
Director creativo
jazua@elpunto.es
Tel.: 677 41 60
Fax.: 91 319 93 0

www.ritzbcn.com

HOTEL ℞ RITZ

Tel. (93) 318 52 00 (20 líneas)
Tel. (93) 318 48 37 (Reservas)

Rellene este formulario para hacer su reserva online

Nombre

Teléfono de contacto   **Fax**   **E-Mail**

Fecha llegada   **Fecha salida**   **País**

Número de habitaciones   **Tipo de habitación**

Número de adultos   **Número de niños** (0-2 años)   **Número de niños** (3-12 años)

Tipo de régimen deseado: Desayuno   Media pensión   Pensión completa

Empresa   **Agencia de viajes**

Tarjeta de crédito   **Número tarjeta**   **Fecha caducidad**

Observaciones

5

10. Diferencias culturales

Lo mejor de cada ciudad... para disfrutar cuando se hace un viaje de negocios.

10.1. Completa las siguientes frases.

1. El hotel de mi ciudad más adecuado para un viaje de negocios es ....

2. El espectáculo nocturno más bonito es ....

3. El objeto de mi país que puedo regalar a .... es ....

4. Los monumentos que recomiendo visitar son ....

5. Las áreas de compras más elegantes son ....

6. Si estás un fin de semana libre, es muy bonito visitar ....

7. La comida que más identifica a mi país es ....

10.2. Haced grupos y comparad vuestras respuestas. Después haced una presentación.

10.3. Toma notas de lo que digan tus compañeros.

10.4. Puesta en común: Comentad la información que habéis recibido, preguntando detalles de lugares, precios...

El ocio y el negocio

11. Lectura

11.1. Lee el texto.

El español es el turista que más gasta

Hasta ahora los turistas alemanes, ingleses o suecos llegan a España y dejan sus divisas "generosamente": los precios son baratos y el cambio muy favorable.

Pero la situación cambia. Un estudio de VISA-Internacional dice que los turistas españoles gastan más que los turistas de otros países de Europa: los españoles invierten 787 euros por persona y los que más gastan son españoles entre 25 y 44 años.

Los europeos que más gastan tienen entre 45 y 64 años. Los alemanes viajan fuera del continente más que los ciudadanos de otros países de la Unión Europea.

El estudio explica que la mayoría de los europeos, incluso los nórdicos, pasan las vacaciones de verano en su país –el 78% de los gastos permanecen en la economía interior, el 22% se desplaza a otro país–.

Los turistas que eligen visitar España realizan un gasto medio de 322 euros y están en nuestro país 9 días.

El turismo sigue siendo la principal fuente de ingresos del Estado español –más del 8% PIB–.

Texto adaptado de La Vanguardia.

11.2. Marca con una cruz si las afirmaciones siguientes son verdaderas o falsas.

	verdadero	falso
1. Los turistas vienen a España porque los españoles son divertidos y serviciales.	☐	☐
2. Los turistas españoles que más gastan tienen entre 45 y 64 años.	☐	☐
3. Una minoría de europeos pasa las vacaciones de verano en su país.	☐	☐
4. Los turistas que vienen a España gastan como media 322 euros.	☐	☐
5. Más del 8% del PIB español proviene del turismo.	☐	☐

11.3. ¿Como os gusta viajar? En parejas, comentad vuestras preferencias: adónde os gusta viajar, cuántos días, qué hacéis…

Tarea final

Encuentro de directivos de una multinacional

Los directivos de una multinacional se reúnen una vez al año para unificar las nuevas estrategias de mercado. Cada año eligen uno de los países en los que tienen sede para organizarlo y este año es España.

Las características del encuentro son:

- 30 personas en total.
- 7 personas viajan con sus cónyuges (marido o mujer).
- van a estar 7 días.

Se marcan los siguientes objetivos para planificar la agenda de la semana:

- cubrir los objetivos de trabajo.
- conocer España: gastronomía, visitas culturales, museos, paisajes...
- hacer la estancia agradable a los cónyuges.

1. **Lee la siguiente información sobre estos lugares.**
Lesen Sie die folgenden Texte.

Islas Canarias

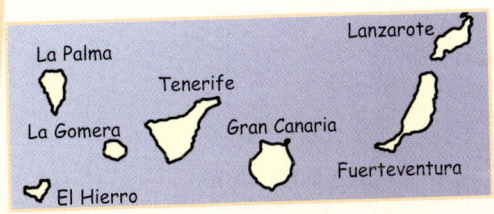

Tenerife es la isla de mayor extensión y la más alta del archipiélago con el imponente remate del Teide, de nieves casi perpetuas que se ven desde las costas soleadas. Es un conjunto de alta montaña, declarado Parque Nacional y con un parador en su interior.

Lugares de interés turístico se encuentran repartidos por toda la isla. La Villa de La Orotava, llena de palacios; cerca de La Orotava, el Puerto de la Cruz ofrece su gran oferta turística, deportiva y de ocio con sus restaurantes de cocina isleña e internacional para completar una excelente estancia con temperaturas constantes durante todo el año.

La capital, Santa Cruz, y la ciudad de La Laguna, sede universitaria, son también lugares que hay que visitar, junto con el sur tinerfeño.

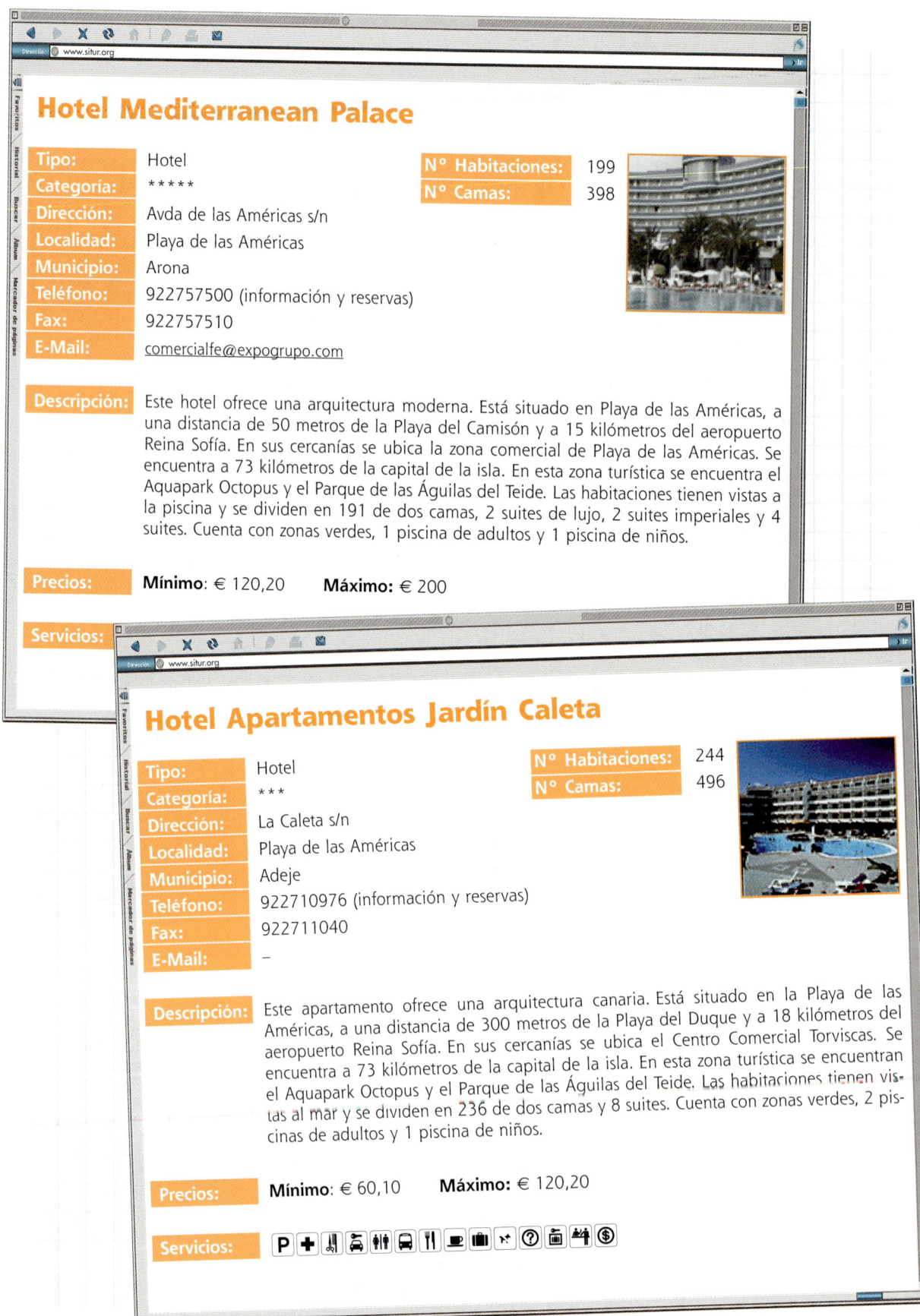

Hotel Mediterranean Palace

Tipo:	Hotel
Categoría:	*****
Dirección:	Avda de las Américas s/n
Localidad:	Playa de las Américas
Municipio:	Arona
Teléfono:	922757500 (información y reservas)
Fax:	922757510
E-Mail:	comercialfe@expogrupo.com

N° Habitaciones:	199
N° Camas:	398

Descripción: Este hotel ofrece una arquitectura moderna. Está situado en Playa de las Américas, a una distancia de 50 metros de la Playa del Camisón y a 15 kilómetros del aeropuerto Reina Sofía. En sus cercanías se ubica la zona comercial de Playa de las Américas. Se encuentra a 73 kilómetros de la capital de la isla. En esta zona turística se encuentra el Aquapark Octopus y el Parque de las Águilas del Teide. Las habitaciones tienen vistas a la piscina y se dividen en 191 de dos camas, 2 suites de lujo, 2 suites imperiales y 4 suites. Cuenta con zonas verdes, 1 piscina de adultos y 1 piscina de niños.

Precios: **Mínimo**: € 120,20 **Máximo:** € 200

Servicios:

Hotel Apartamentos Jardín Caleta

Tipo:	Hotel
Categoría:	***
Dirección:	La Caleta s/n
Localidad:	Playa de las Américas
Municipio:	Adeje
Teléfono:	922710976 (información y reservas)
Fax:	922711040
E-Mail:	–

N° Habitaciones:	244
N° Camas:	496

Descripción: Este apartamento ofrece una arquitectura canaria. Está situado en la Playa de las Américas, a una distancia de 300 metros de la Playa del Duque y a 18 kilómetros del aeropuerto Reina Sofía. En sus cercanías se ubica el Centro Comercial Torviscas. Se encuentra a 73 kilómetros de la capital de la isla. En esta zona turística se encuentran el Aquapark Octopus y el Parque de las Águilas del Teide. Las habitaciones tienen vistas al mar y se dividen en 236 de dos camas y 8 suites. Cuenta con zonas verdes, 2 piscinas de adultos y 1 piscina de niños.

Precios: **Mínimo**: € 60,10 **Máximo:** € 120,20

Servicios:

Castilla y León

Castilla y León ofrece una oferta de Turismo Rural basada en la riqueza de sus costumbres, sus tradiciones y sus paisajes. Dentro de esta oferta se encuentran Las Posadas, edificios de interés turístico en el medio rural con una decoración que respeta las costumbres de cada localidad y población.

LA CASA DEL ABAD DE AMPUDIA

Tel. 979 76 80 08. **Fax.** 979 76 83 00.

Correo electrónico: casadeabad@arquired.es
http://www.arquired.es/users/ampudia

Dirección: Pza Francisco Martín Gromaz, 12. Ampudia (Palencia).

Número habitaciones: 18

Número de plazas: 34

Características de las habitaciones: Todas con calefacción y aire acondicionado, teléfono y conexión vía módem.

Servicios de hotel: Desayuno, comida, cena, calefacción, teléfono, piscina climatizada, televisión, gimnasio, sauna, pista de tenis y squash, cafetería, restaurante, parque infantil y salón de reuniones.

SANTA MARÍA LA REAL

Tel. 979 12 20 00. **Fax.** 979 12 56 80.

Dirección: Ctra. de Cervera, s/n. Aguilar de Campoo (Palencia).

Número de plazas: 36

Visitas de interés: Románico del norte palentino, Gran Cañón de la Horadada, Ruta de los Pantanos, Cueva de los Franceses, Mirador de Lora.

Actividades ofertadas: Rutas guiadas por el Románico, salidas a caballo y a pie, multiaventura...

5

2. **Elegid uno de los sitios y justificad vuestra elección.**
Wählen Sie einen der Orte aus und begründen Sie Ihre Entscheidung.

Preparad una lista con preguntas para la agencia, el hotel, o la oficina de turismo sobre estos temas.

a. Habitaciones que necesitáis reservar
b. Precio de las habitaciones
c. Reserva de salones
d. Comidas
e. ...

3. **Ampliad la lista y preparad una pequeña guía de frases útiles en español para todos los asistentes.**
Stellen Sie nützliche Ausdrücke zusammen und entwerfen Sie einen kleinen Sprachführer deutsch – spanisch (z.B. mit Zeichnungen, Redewendungen und Übersetzungen).

4. **Presentad a la clase vuestro trabajo y vuestra guía de frases útiles.**
Präsentieren Sie Ihren Sprachführer im Kurs.

El ocio y el negocio

1 Rodrigo Dos Santos vuela hacia la ciudad de Santa Rosa. Antes de llegar, le dan un folleto con la información de la estancia donde se alojan.
Lee la información con atención.

Alojamientos en VILLAVERDE

Ubicada en el país del gaucho: La Pampa; "Villaverde" es una estancia histórica a sólo una hora de vuelo de Buenos Aires. El casco principal, en su parque de 30 ha, es de clásica arquitectura y posee una magnífica decoración con habitaciones en suite. Atendida con la calidez de la familia propietaria, usted podrá disfrutar de la paz del campo y sus actividades degustando las exquisitas comidas caseras elaboradas con productos de su granja. Rodeado de llanuras y montes de caldenes centenarios, únicos en el mundo, se encuentra el Fortín histórico Huitrú, reserva militar del siglo pasado para visitar a caballo o en carruajes de época.

ALOJAMIENTO Y COMIDAS.

El casco principal, de estilo clásico a cuatro aguas con galerías, cuenta con 12 habitaciones de lujo para 28 personas, estacionamiento privado, baños privados, suite ejecutiva y suite presidencial con ascensor privado, calefacción central, hidromasaje, TV, DDI, fax, comidas y repostería casera con productos de la granja. Típico asado criollo y horno de barro. Transporte propio.

ACTIVIDADES.

Agroturismo: arreo y encierre de ganado, participación en la siembra o cosecha de cereales, yerra, esquila, señalada de hacienda. Cabalgatas: partiendo de la Vieja Caballeriza. Excursiones de Aventura: paseos en carruajes de época para visitar el Fortín Huitrú, safaris fotográficos, observación de aves y fauna. Visita a una rastrillada indígena, galería de carruajes, museo rural en el hall, vieja manga, fiesta gaucha y espectáculos folklóricos, pileta con cascada y solarium, pileta cubierta con sauna, galería de arte, capilla San Marcos, parques y jardines, fuentes y esculturas, campo de golf próximo.

2 LLegan a la estancia Villaverde.
Cuando Rodrigo llega a la habitación encuentra un fax de México con información del hotel donde se va a instalar en ciudad de México.

Yucatán Salvaje

Tel. (55-22) 47 55 80 • Fax. (55-22) 30 15

Para:	Sr. Rodrigo Dos Santos	**De:** Ana Isabel García Yucatán Salvaje
Fax:	Sr. Rodrigo Dos Santos	**Páginas:** 2
Teléfono:	0237-4-84-1320	**Fecha:** 22-febrero-2001
Asunto:	Llegada a México	**CC:**

Comentarios:
Sr. Dos Santos, anexo sírvase encontrar la información sobre el hotel donde se hospeda usted en la Ciudad de México.
A la espera de recibirle el viernes de esta semana a las 10 horas de la mañana en las oficinas de nuestra empresa.
Quedo a sus órdenes para cualquier duda o comentario.
Atentamente
Ana Isabel García
Yucatán Salvaje

**Gran Hotel México Lindo
Paseo de la Reforma, 400
03020 México**

En pleno corazón de la zona financiera y comercial se ubica el hotel Gran Hotel México Lindo.

Cuenta con 200 habitaciones, todas ellas equipadas con todos los servicios modernos, televisión con antena parabólica y aire acondicionado.

Como parte de los servicios que ofrece están: gimnasio, club ejecutivo, renta de autos, tabaquería, estacionamiento privado y alberca techada.

El interior del hotel está decorado en estilo modernista, y el vitral Tiffany ilumina el interior del lobby donde se encuentran dos elevadores panorámicos.

Para mayores informes comunicarse a México (5) 5106327.

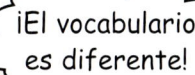

¡El vocabulario es diferente!

5

Vuelve a leer la información de la estancia Villaverde de Argentina, fíjate en el vocabulario que aparece en el fax que recibe de México y revisa la unidad 5. ¿Descubres las diferencias de vocabulario? Ayuda a Rodrigo a completar el cuadro.

En México dicen...	En Argentina dicen...	En España dicen...
1. alberca	pileta	
2. elevador		
3.		recepción
4.		parking
5.		piscina cubierta

Ricardo se encuentra con el gerente del hotel y Pablo Daniel. Juntos hacen un recorrido por las instalaciones.

A continuación tienes algunas frases que Rodrigo ha escuchado durante la visita. Completa con la palabra adecuada.

pileta • campaña • recién • mozo • vos • autos • canchas • lindo

1. ► **Gerente:** Antes de empezar, ¿desean tomar algo?, el **(1)** .... nos puede servir en la terraza de la **(2)** ....
   ► **PDG:** Yo no, gracias, **(3)** .... tomé un café en el avión.
   ► **Gerente:** ¿Y, **(4)** .... Sr. Dos Santos?
   ► **RDS:** Yo tampoco, gracias.

2. Este estacionamiento tiene capacidad para veinticinco **(5)** ....

3. Como ve, estamos situados en plena **(6)** .... lo que permite realizar muchas actividades al aire libre, en equipo... ¡El paisaje es muy **(7)** ....!

4. Tenemos dos **(8)** .... de tenis.

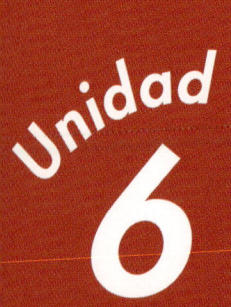

In dieser Lektion lernen Sie:

■ **Meinungen ausdrücken**
► ¿Qué opinas? / ¿Qué te parece?
▷ Me parece... / Lo encuentro... / Creo que...

■ **über Vergangenes sprechen**
► ¿Has tenido ya problemas en el trabajo?
▷ Sí, claro que los he tenido... y muy graves.
► ¿Y tú, Andrés?
► Yo todavía no.

■ **Übereinstimmung und Meinungsverschiedenheit ausdrücken**
Estoy de acuerdo...
No estoy de acuerdo...
Discrepo...

■ **Aufmerksamkeit auf etwas lenken**
Fíjate (tú).

■ **Konsequenzen darstellen**
Por lo tanto...

■ **ein Gespräch beenden**
En fin...

■ **um Wiederholung bitten**
Perdón, puede repetir...

■ **nachfragen**
(Usted) quiere decir que...
(Tú) quieres decir que...

■ **Fortbestehen und Unterbrechung ausdrücken**
Sigo comprobando la facturación de este mes.
He dejado de trabajar en *Lores España*.

El éxito en el mundo laboral

1. Los secretos de un directivo

1.1. Escucha la siguiente entrevista.

[20]

1.2. En la columna 1, marca los verbos en pasado que has escuchado.

		columna 1	columna 2
1.	venir	✔	he venido
2.	llegar		
3.	ser		
4.	leer		
5.	recibir		
6.	sorprender		
7.	funcionar		
8.	dejar		
9.	invertir		
10.	abandonar		
11.	tener		
12.	ir		

1.3. En la columna 2 de la derecha de 1.2, escribe la primera persona del pretérito perfecto de todos los verbos.

1.4. Completa el cuadro con las formas personales que faltan.

Llegar	Tener	Recibir
he lleg**ado**		
	has ten**ido**	
		ha recib**ido**
hemos lleg**ado**		
	habéis ten**ido**	
		han recib**ido**

3. Todavía no lo he conseguido

3.1. ¿Cuáles de los siguientes aspectos te parecen importantes en la profesión? Haz una lista de preferencias y discútela con un compañero.

- ❏ alcanzar las metas de la juventud
- ❏ inventar un producto innovador
- ❏ formar un equipo bien cohesionado
- ❏ encontrar jefes dinámicos y comunicadores
- ❏ trabajar en otros países
- ❏ tener contactos enriquecedores
- ❏ trabajar menos de ocho horas
- ❏ conseguir un puesto como director

3.2. Escucha la conversación entre Pedro Ramírez y José Garzón sobre lo que ya han logrado en su vida profesional y sobre lo que todavía no han conseguido.

[21]

3.3. Escribe en la columna correspondiente lo que ya han hecho y lo que todavía no han hecho.

	Ya	*Todavía no*
JOSÉ		
PEDRO		

3.4. ¿Y tú?, piensa sobre lo que ya has logrado en tu vida profesional y sobre lo que todavía no has conseguido. Completa la siguiente tabla.

Yo ya...	Yo todavía no...

3.5. Compara con tus compañeros los resultados del ejercicio 3.4. y comenta coincidencias, diferencias, expectativas.
Kommentieren Sie im Kurs die Ergebnisse der Übung 3.4. (Übereinstimmungen, Unterschiede, Erwartungshaltungen etc.).

Nosotros/-as hemos
Todos/-as hemos
Vosotros/-as habéis
Ellos/-as han
} + **participio** del verbo.

4. Mi vida laboral

4.1. ¿Qué ha hecho tu compañero durante su vida laboral?
Was hat Ihr Kursnachbar bisher beruflich gemacht?
Bilden Sie aus den Verben und Ausdrücken der Tabelle unten zehn Fragen. Notieren Sie Ihre Fragen in der Tabelle auf der folgenden Seite. Verwenden Sie das pretérito perfecto.

Ejemplo: ¿Has tenido problemas en el trabajo?

1.	tener	a.	diez horas
2.	inventar	b.	dudas
3.	alcanzar	c.	problemas en el trabajo
4.	encontrar	d.	el mejor producto
5.	leer	e.	tus metas soñadas
6.	consultar	f.	un buen informe
7.	crear	g.	un buen ambiente laboral
8.	escribir	h.	los periódicos de hoy
9.	conocer	i.	la cultura empresarial de otros países
10.	trabajar	j.	jefes simpáticos

El éxito en el mundo laboral

Tus preguntas son éstas:

1. ....
2. ....
3. ....
4. ....
5. ....
6. ....
7. ....
8. ....
9. ....
10. ....

4.2. Entrevista a tu compañero.

Ejemplo:

► ¿Has tenido problemas en el trabajo?
▷ Sí, **los** he tenido.
► No, no **los** he tenido.

Objeto directo:

- ¿Has leído el informe de Begoña?   No, no **lo** he leído.
- ¿Has conocido ya a la nueva jefa?   Si, ya **la** conozco.
- ¿Has encontrado los periódicos?   No, no **los** he encontrado todavía.
- ¿Has tenido alguna vez dudas?   Sí, **las** tengo todos los días.

4.3. Escribe las preguntas que te ha hecho tu compañero y también tus respuestas.

Ejemplo:

Me ha preguntado si he tenido problemas en el trabajo.
He contestado que no los he tenido.

1. Me ha preguntado ....
He contestado ....

2. Me ha preguntado ....
He contestado ....

3. Me ha preguntado ....
He contestado ....

4. Me ha preguntado ....
He contestado ....

5. Me ha preguntado ....
He contestado ....

6. Me ha preguntado ....
He contestado ....

7. Me ha preguntado ....
He contestado ....

8. Me ha preguntado ....
He contestado ....

9. Me ha preguntado ....
He contestado ....

10. Me ha preguntado ....
He contestado ....

5. Este puesto no es para mí

5.1. **Éstos son algunos de los problemas que pueden surgir en un nuevo puesto de trabajo.**
De la siguiente lista, marca con una cruz los problemas que tú crees que ocurren con más frecuencia.

❏ Su nuevo trabajo se ha convertido en una pesadilla.

❏ No ha tenido suficientes conocimientos de informática.

❏ Ha puesto demasiado entusiasmo en su trabajo los primeros días y después no lo ha mantenido.

❏ No consigue centrarse en sus nuevas tareas y sigue pensando en su anterior puesto.

❏ Ha escrito un pésimo informe de la situación en la empresa y ha recibido las protestas de sus compañeros.

5.2. **En grupos de tres, añadid a esta lista otros problemas que vosotros habéis vivido de cerca. Comentadlos.**

- ....
- ....
- ....
- ....

El éxito en el mundo laboral

6. Los problemas en un nuevo puesto

6.1. Lee una parte del texto (Alumno A *I* Alumno B) sobre "Los problemas en un nuevo puesto", la otra parte la va a leer tu compañero.

Alumno A

En todas las áreas de trabajo encontramos personas que cumplen bien sus obligaciones en el puesto que ocupan y están capacitadas para hacerlas, pero que no se sienten satisfechas y desean conseguir un ascenso. Ese ascenso, si llega, no siempre alegra la vida del trabajador.

La historia del buen mecánico que asciende y se convierte en un pésimo jefe de taller es muy conocida. ¿Quién no ha tenido algún caso similar en su empresa? Muchos directores de recursos humanos se han encontrado con problemas parecidos: el buen ingeniero que no sabe dirigir equipos y llega a jefe de departamento, el magnífico informático que empieza a perder puntos con los clientes cuando llega al puesto de director de marketing, etc.

Alumno B

Éstos son algunos problemas que nos ha contado el nuevo director de ventas de una empresa.

"Llevo trabajando sólo cuatro meses en mi nuevo puesto de director de ventas y ya me he encontrado con dificultades para desarrollar mi trabajo. Uno de ellos ha surgido cuando he notado que mis subordinados no me han consultado sus dudas porque han seguido comunicando todo a su antiguo jefe. A pesar de eso yo no he perdido la paciencia, porque me recompensa el hecho de que ahora mi sueldo es mayor que antes. Sin embargo, veo que mis antiguos colegas han dejado de hablar conmigo y eso me molesta. También me he dado cuenta de que mis conocimientos de informática no son suficientes, aunque tengo una secretaria muy eficiente, pero me gusta preparar algunos informes y presupuestos yo solo y desconozco algunos programas del ordenador. En fin, que mi nuevo puesto no me atrae tanto y mi trabajo se ha convertido en una pesadilla."

Expresiones para ordenar el discurso

- Contrastar una información con la anterior:

   No ha terminado la carrera de empresariales y, **a pesar de eso**, ha tenido éxito en su vida profesional: ahora está de director comercial.

- Repetir lo dicho:

   Perdón, puede repetirlo.

- Verificar si se ha entendido:

   Usted quiere decir que...

- Finalizar la conversación:

   En fin, que mi nuevo puesto...

6.2. Explica la información a tu compañero. Toma nota de lo que te cuenta.

6.3. Escucha la audición.

[22]

¿Es la misma historia que te ha explicado tu compañero y la que tú le has explicado a él? ¿Está la historia completa?

6.4. Comentad las diferencias entre lo explicado y lo escuchado en la audición.

7. ¿A quiénes han nombrado?

7.1. Éstos son algunos de los nuevos fichajes en empresas españolas. Escribe los verbos que aparecen en el recuadro en el lugar correspondiente de cada texto.

> ha ocupado
> ha trabajado
> ha impartido   ha sido
> ha desarrollado
> ha asumido   ha tenido
> se ha incorporado   ha pasado a ser

José Valencia
Director General de *Com España*

Licenciado en Informática y máster en Dirección de Empresas, (1) .... en multinacionales del sector de la informática y las telecomunicaciones.
José Valencia (2) .... a *Com España* como Director General de la compañía.
En su nuevo cargo tiene la misión de orientar la actividad de la compañía a cubrir las necesidades de las pymes en el acceso a internet.

María Francés
Directora de *Sumsa* para España y Portugal

Licenciada en la Escuela de Comercio con la especialidad de Comercio Internacional, María Francés (3) .... su trayectoria profesional dentro del grupo *Sumsa*, primero en el departamento de marketing y ahora (4) .... la directora para España y Portugal.

José Javier López
Gerente de área de *Penca*

José Javier López (5) .... su nueva responsabilidad en esta empresa de trabajo temporal.
Con gran experiencia en compañías del sector de la automoción (6) .... puestos relevantes en *Gran Motor* y *Sopla S.A.*

Mario de Travi
Presidente de *Distante & Abogados*

Travi (7) .... coordinador de Asuntos Judiciales desde 1998 en la Asesoría Jurídica de Sol España, en la que (8) .... encomendada la dirección jurídica.
Es licenciado en Derecho y (9) .... cursos de especialización sobre Derecho del Trabajo.

7.2. Escribe frases con los verbos que han aparecido en el ejercicio anterior. Utiliza la primera persona del singular.

1. incorporarse a   **Ejemplo:** Me he incorporado a la empresa Penca.

2. desarrollar ....

3. trabajar en ....

4. pasar a ser ....

5. ser ....

6. tener ....

7. impartir ....

8. asumir ....

9. ocupar ....

8. Un artículo de prensa

María Gil y Alicia Adorno están hablando sobre un artículo aparecido en la prensa sobre cómo puede lograr el éxito un directivo.

8.1. Escucha el diálogo. Escribe las frases del diálogo en las que aparecen algunas expresiones para:

[23]

Pedir opinión	Expresar opinión

Expresar acuerdo	Expresar desacuerdo

8.2. **Ahora lee el diálogo.**
Subraya las frases con las que no estás de acuerdo.

María: Últimamente he leído un artículo sobre cómo lograr el éxito, que me ha interesado mucho y con el que estoy de acuerdo en algunos puntos, en otros no estoy totalmente de acuerdo y en uno discrepo completamente.

Alicia: ¿Te refieres al artículo "Cómo alcanzar las estrellas sin perder de vista tierra firme"?

María: Sí, ¿lo has leído también? ¿Qué opinas? ¿Crees que con entusiasmo e ilusión es posible vencer muchas dificultades?

Alicia: Por supuesto, estoy convencidísima. Fíjate en el éxito conseguido por Antonio Catalán gracias a esos dos factores. Aunque creo que también la autoestima y la autoconfianza son unos grandes motores del ser humano.

María: A mí me parece que mostrarse distante y reservado incluso con los propios colaboradores puede mantenernos en una posición de autoridad y tener éxito en los proyectos.

Alicia: No estoy de acuerdo con lo que dices porque conozco a muchos empresarios que han fracasado debido a su distanciamiento con los problemas de los empleados. Pero, en lo que no creo en absoluto es en eso de convertir tu vocación en vacación, para mí el trabajo es trabajo y, por tanto, el disfrutar en la empresa está muy lejos de ser para mí un punto importante. A mí me encanta el viernes por la tarde porque sé que entonces empieza mi verdadero disfrute. Yo podría vivir sin trabajar.

María: A mí no me ocurre eso, porque si tengo un proyecto entre manos no puedo desconectar del trabajo, ni siquiera los fines de semana, me canso mucho pero me apasiona lo que hago. Lo que no entiendo es eso de la ética moral, yo no me planteo nunca si actúo bien o mal con mis colaboradores.

- Expresa acuerdo: **Estoy de acuerdo** en bastantes puntos.
- Expresa acuerdo parcial: **No estoy totalmente / del todo de acuerdo** con... / Estoy de acuerdo **pero**...
- Expresa desacuerdo: En otros **discrepo** completamente. **/ No estoy de acuerdo** porque...
- Llama la atención sobre algo: **Fíjate** en el éxito conseguido por Antonio Catalán.
- Pide y expresa la opinión: **¿Qué opinas? Me parece / Creo que / Para mí** mostrarse distante puede...

8.3. **Compara y comenta con tus compañeros las frases señaladas.**
Discute y argumenta tus puntos de vista.

El éxito en el mundo laboral

9. El éxito profesional

9.1. Lee los 10 consejos para lograr el éxito profesional que nos ha dado el psicólogo Bernabé Tierno.

1. Tener las metas claras.
2. Tener autoestima y autoconfianza.
3. Tener tenacidad y tesón.
4. Disfrutar de lo que se hace.
5. Tener entusiasmo e ilusión.
6. Tener facilidad para comunicarse.
7. Tener una actitud mental positiva y dinámica.
8. Tener autodisciplina.
9. Capitalizar los fracasos.
10. Tener integridad moral.

9.2. En grupos de tres comentad los consejos que son más fáciles y más difíciles de llevar a cabo. ¿Por qué? Usad las expresiones para pedir y expresar opinión.

10. Preposiciones

Completa con una de las siguientes preposiciones: a, de, con y en.

1. El señor Ruiz-Velasco ha llegado .... presidente de la empresa DUCI.
2. Últimamente ha invertido mucho dinero .... acciones de CELO.
3. Sus antiguos colegas han dejado .... hablar .... él.
4. Muchos directores .... recursos humanos se han encontrado .... problemas.
5. Mi trabajo se ha convertido .... una pesadilla.
6. José Valencia se ha incorporado .... la empresa SALVI.
7. Fíjate .... el éxito obtenido por Juan Quesada.
8. Estoy completamente .... acuerdo contigo.

11. Escribe

Un informe

11.1. Lee el siguiente texto.

El jefe debe escribir un informe sobre un empleado al término de su relación laboral con la empresa si su contrato es de formación o de prácticas. Para el resto de profesionales, la redacción de informes por parte del jefe no es obligatoria, pero sí conveniente.

11.2. Escribe un informe sobre un empleado que ha trabajado en tu empresa. Éstos son los puntos sobre los que debes escribir.

1. Duración de la relación laboral.
2. Descripción de las actividades del empleado.
3. Valoración del rendimiento laboral.
4. Valoración del comportamiento con los jefes y con los compañeros.
5. Causas del cese.
6. Buenos deseos en su trayectoria profesional en el futuro.

Algunas frases para redactar un informe:

- Ha mostrado gran capacidad para...
- Su principal logro ha sido...
- Ha creado muy buen ambiente entre sus colaboradores por...
- Ha desarrollado todos sus trabajos con gran...
- Ha desempeñado todas las funciones relacionadas con su puesto con...

Usa el vocabulario y las expresiones nuevas que has aprendido en esta unidad.

El éxito en el mundo laboral

12. Diferencias culturales

¿Por qué no han triunfado en otros países?

12.1. Algunas compañías han tenido problemas para introducir sus productos en otros países. ¿Por qué?

Lee las situaciones.

1. Una compañía productora de café ha tenido dificultades para introducir su producto "café instantáneo" en el mercado francés. ¿Por qué?

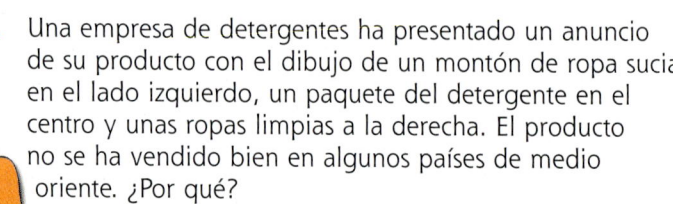

2. Una empresa de detergentes ha presentado un anuncio de su producto con el dibujo de un montón de ropa sucia en el lado izquierdo, un paquete del detergente en el centro y unas ropas limpias a la derecha. El producto no se ha vendido bien en algunos países de medio oriente. ¿Por qué?

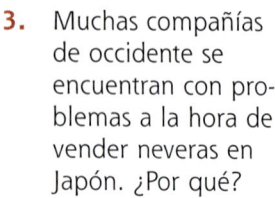

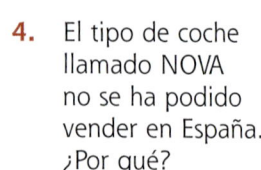

3. Muchas compañías de occidente se encuentran con problemas a la hora de vender neveras en Japón. ¿Por qué?

4. El tipo de coche llamado NOVA no se ha podido vender en España. ¿Por qué?

5. Algunas compañías europeas y americanas que han utilizado la lengua árabe para anunciar sus productos no han tenido éxito en Dubai. ¿Por qué?

12.2. Discutid en grupos de tres los posibles motivos de estos fracasos en las ventas.

12.3. Escribid esas posibles causas.

12.4. Puesta en común. Argumentad vuestras respuestas.

13. Lectura

Lee el texto siguiente y contesta a las preguntas.

Los desencantos de Internet

Se ha hablado mucho de las ventajas de la nueva economía organizada alrededor de Internet. Se conocen las inversiones millonarias, las fantásticas salidas a bolsa y las grandes expectativas de negocio que genera, pero este escenario también tiene un lado negativo. La gente también ha oído hablar de fracasos relacionados con estos medios tecnológicos. Todos hemos leído artículos sobre operaciones absurdas, directivos fantasiosos y empleados cansados por sistemas de trabajo abusivos.

Uno de los periodistas que se ha dedicado a este tema ha recogido varios testimonios personales y comenta que "es uno de los mayores desastres en la historia de esta industria". Ha escuchado frecuentemente frases como la siguiente: "nos hemos estresado y agotado por exceso de trabajo, por mala gestión y por locas ideas".

Ahora los empresarios con problemas disponen ya en Internet de algunas web en las que pueden exponer sus casos, airear decepciones y buscar ayuda.

Estas web se presentan como las primeras comunidades pensadas para ayudar a emprendedores fracasados ya que cuentan con experimentados asesores en este campo. Ellos analizan los casos y explican los pasos a seguir para lograr una recuperación económica. También tienen un chat en el que los participantes dialogan en directo sobre sus vivencias empresariales.

Texto adaptado de La Vanguardia

1. ¿Qué éxitos ha logrado la nueva economía organizada en torno a Internet?

2. ¿Cuáles son los aspectos negativos?

3. ¿Qué pueden hacer los empresarios con problemas?

4. ¿Cómo ayudan algunas *web* a empresarios fracasados en este campo?

5. ¿Qué es un *chat*?

El éxito en el mundo laboral

Tarea final

Un directivo con éxito

 1. Trabajáis en el departamento de Recursos Humanos de una gran multinacional. Queréis hacer un estudio de la valoración que tienen los empleados sobre el concepto "éxito".

Discutid en el curso las características de un directivo con éxito, por ejemplo: tiene sentido del humor, es inteligente...
Escribid una lista con las 10 características más importantes de un directivo con éxito.

Un directivo con éxito

1. _____
2. _____
3. _____
4. _____
5. _____
6. _____
7. _____
8. _____
9. _____
10. _____

2. En grupos de tres preparad un test ¿Soy un directivo con éxito? con 10 preguntas a partir de las características. No os olvidéis de elaborar también la valoración.

TEST

1. Tus colegas te hacen una broma:

☐ a) te enfadas

☐ b) te ríes

☐ c) te hace sentir inseguro.

2. La inteligencia siempre ha sido imprescindible para...

☐ a) conducir bien un equipo de personas.

☐ b) ....

☐ c) ....

3. Discutid los diferentes modelos de tests y elegid el mejor.

HISPANOAMÉRICA

HISPANOAMÉRICA

1 Rodrigo escribe un correo electrónico a su profesora de español, Fernanda. Quiere saber las diferencias del español de México. La próxima semana va a salir hacia ese país y no sabe si va a entender todo. En Argentina no ha tenido problemas.
Ésta es la respuesta de Fernanda.

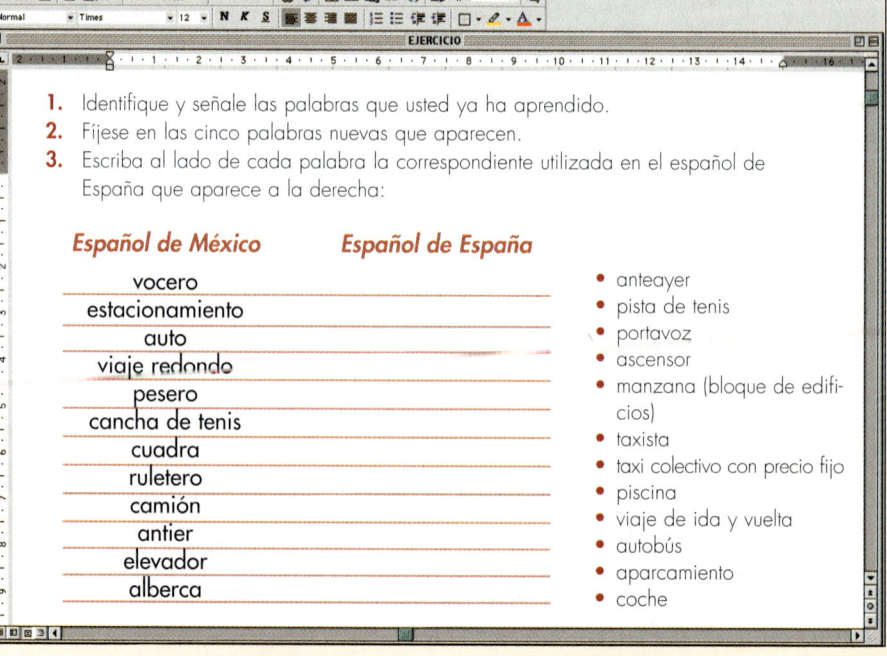

☐ Mensaje electrónico

🖅 Enviar ahora 🖅 Enviar más tarde 🖫   📎 Adjuntar archivos   ✒ Firma ▾ 🖼 Ayuda ▾   🔲

Para: rodrigodossantos@hotmail.com

CC:

Asunto: El español de México

Normal ▾ 12 ▾ ▦ A A A A   ☰ ☰ ◖◗   ☰▾ ◖▾

Estimado Rodrigo:

Le respondo a sus preguntas sobre el habla de México.

En ese país el tempo de elocución del habla es lento y el tono es moderado. Los mexicanos, por lo general, prestan cuidadosa atención a su expresión hablada y se preocupan por mantener una lengua culta y no vulgar.

Fíjese: esto es igual que en Argentina.

El **pretérito perfecto** que acaba de estudiar en la lección 6 (*he comprado, ha venido...*) se utiliza más en España; en Hispanoamérica se usa sólo en acciones **repetidas hasta el presente.** Un ejemplo:

He viajado muchas veces a Puebla.

○ en **acciones no realizadas aún,** ejemplo:

Todavía no he visitado la plaza de las Tres Culturas.

Rodrigo, le adjunto algunos ejercicios para revisar el vocabulario.

Un saludo cordial,

Fernanda Escudero

Rodrigo no entiende bien lo que dice su profesora, pero cree que ya lo entenderá al hablar con mexicanos.

Archivo Edición Ver Insertar Formato Fuente Herramientas Tabla Ventana Trabajo Ayuda   12:09

Normal ▾ Times ▾ 12 ▾ N K S ☰☰☰☰ ☰☰ ☲☲ ☐▾ ◢▾ A▾

EJERCICIO

2 Éste es uno de los dos ejercicios que envía Fernanda a Rodrigo. ¿Puedes ayudar a Rodrigo?

1. Identifique y señale las palabras que usted ya ha aprendido.
2. Fíjese en las cinco palabras nuevas que aparecen.
3. Escriba al lado de cada palabra la correspondiente utilizada en el español de España que aparece a la derecha:

Español de México	*Español de España*
vocero	• anteayer
estacionamiento	• pista de tenis
auto	• portavoz
viaje redondo	• ascensor
pesero	• manzana (bloque de edificios)
cancha de tenis	• taxista
cuadra	• taxi colectivo con precio fijo
ruletero	• piscina
camión	• viaje de ida y vuelta
antier	• autobús
elevador	• aparcamiento
alberca	• coche

3 Éste es el segundo ejercicio que va a hacer Rodrigo. ¿Sabes tú también las respuestas? Inténtalo.

Vamos a comprobar si recuerda algo de lo que hemos comentado en las unidades anteriores.
Marque si las frases siguientes son **verdaderas** o **falsas**.

	V	F
1. A los habitantes de la ciudad de México se les llama *chilangos*.	☐	☐
2. La capital de Argentina es Rosario.	☐	☐
3. El café Tortoni está en México.	☐	☐
4. En Argentina a los españoles se les llama gallegos.	☐	☐
5. Villarreal es una estancia argentina que, en coche, sólo está a una hora de Buenos Aires.	☐	☐

4 ¿Qué tal ha ido el ejercicio?, ¿has recordado todo?

Rodrigo, después de hacer los ejercicios que le ha mandado su profesora, navega por Internet para buscar algunas páginas *web* del periódico mexicano *Expansión*.

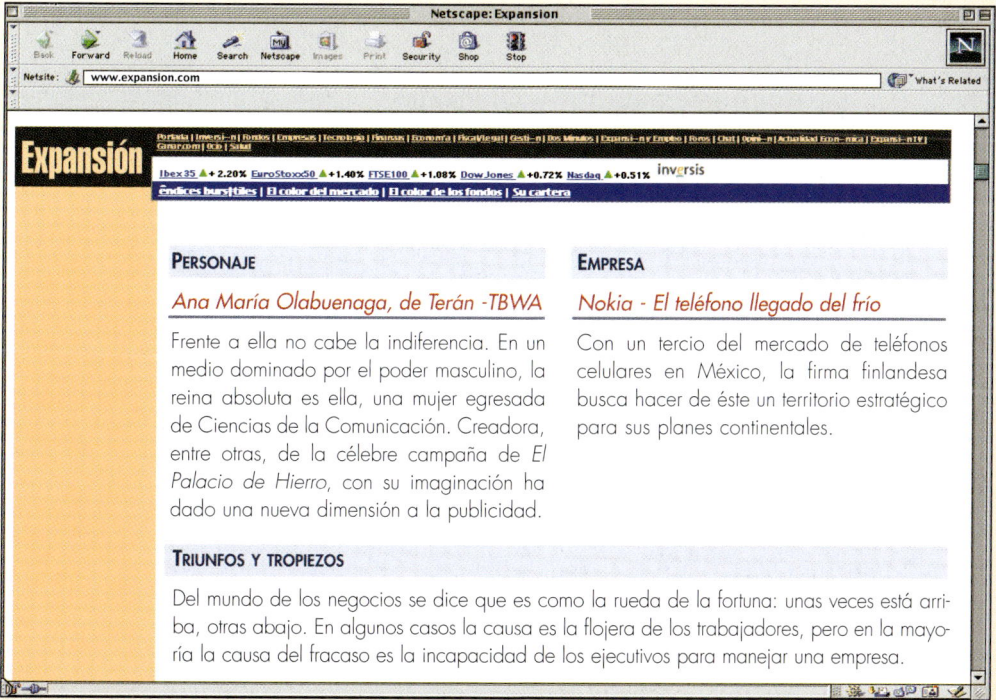

PERSONAJE

Ana María Olabuenaga, de Terán -TBWA

Frente a ella no cabe la indiferencia. En un medio dominado por el poder masculino, la reina absoluta es ella, una mujer egresada de Ciencias de la Comunicación. Creadora, entre otras, de la célebre campaña de *El Palacio de Hierro*, con su imaginación ha dado una nueva dimensión a la publicidad.

EMPRESA

Nokia - El teléfono llegado del frío

Con un tercio del mercado de teléfonos celulares en México, la firma finlandesa busca hacer de éste un territorio estratégico para sus planes continentales.

TRIUNFOS Y TROPIEZOS

Del mundo de los negocios se dice que es como la rueda de la fortuna: unas veces está arriba, otras abajo. En algunos casos la causa es la flojera de los trabajadores, pero en la mayoría la causa del fracaso es la incapacidad de los ejecutivos para manejar una empresa.

En los dos primeros artículos hay una palabra que se usa en México pero no en España, y en el tercero hay dos, ¿sabes cuáles son? Ésta es la solución que ha dado Rodrigo, ¿lo ha hecho bien?

En México se dice:
1. egresada de
2. teléfonos celulares
3. flojera
4. manejar (una empresa)

En España se dice:
licenciada en
teléfonos móviles
pereza
gestionar / dirigir / llevar

El éxito en el mundo laboral

In dieser Lektion lernen Sie:

■ **über Vergangenes sprechen**
▶ ¿Cuándo aceleró Jazztel el despliegue de su red?
▷ Pues fue el 26 de abril de 1999, en Madrid.

Fue en 1999.
Sucedió a comienzos de los 90.
Hace 2 años estuve en Portugal.

■ **ein Ereignis in einer Erzählung hervorheben**
Un hecho a destacar...
Un acontecimiento importante...

■ **über den Grund eines Anrufs informieren**
Llamo para decir que...
Quería deciros que...

■ **einen Telefonanruf weiterleiten**
¿Me puedes pasar con...?

■ **zeitliche Abfolge äußern**
En primer lugar, ...
En segundo lugar, ...
En tercer lugar, ...
Para terminar, ...

■ **Erzähltes zusammenfassen**
En resumen, ...

■ **Information hinzufügen**
Además, ...
También ...

■ **Informationen geben und vergleichend darstellen**
Sin embargo, ...

Empresas privadas, públicas y ONG

1. Jazztel: titulares de prensa

1.1. Leed los siguientes titulares de prensa sobre Jazztel. Seleccionad 10 palabras que no entendáis y buscadlas en el diccionario.

> **Jazztel** es un operador de telecomunicaciones y proveedor de servicios de internet en la Península Ibérica. La empresa fue fundada por el argentino Martin Varsavsky, actualmente su presidente.

1 Jazztel acelera el despliegue de su red.

2 Jazztel: precios hasta un 50% más bajos.

3 Jazztel lanza sus servicios de Internet.

4 Jazztel retira la publicidad del judo.

5 Jazztel es el cuarto mayor operador ibérico de telecomunicaciones en términos de capitalización bursátil.

6 Antonio Fuentes se incorpora a Jazztel como Director General de Control de Gestión.

7 Jazztel registra un fuerte aumento de ingresos en 1999, hasta los 23,3 millones de euros.

8 Jazztel vende el 2,5% al Banco Sabadell.

9 Deutsche Telekom AG, a través de su filial T-Online International AG, compra Ya.com Internet Factory, S.A. de Jazztel p.l.c.

10 Jazztel incrementa sus ingresos un 322% en el tercer trimestre.

11 Grupo Dragados y Jazztel firman una alianza estratégica para desarrollar negocios conjuntos en el sector de las telecomunicaciones.

12 Jazztel lanza su servicio de llamadas metropolitanas.

1.2. Poned en común vuestro trabajo con el resto de los compañeros.

1.3. Los titulares corresponden a fechas muy concretas. Para relatar esos acontecimientos del pasado se necesita el pretérito indefinido.

verbos regulares:

Pretérito indefinido			
	Infinitivo en -ar	Infinitivo en -er y en -ir	
él/ella/usted	coment**ó**	vend**ió**	escrib**ió**
ellos/ellas/ustedes	coment**aron**	vend**ieron**	escrib**ieron**

Observa:
      Ser > fue, fueron
      Ir   > fue, fueron

1.4. Trabaja en parejas (Alumno A, Alumno B). Pregunta a tu compañero por las fechas y lugares de los titulares de prensa de 1.1., que te faltan. Utiliza el pretérito indefinido.

Ejemplo:

▶ ¿Cuándo aceleró Jazztel el despliegue de su red?/ ¿En qué fecha...?
▷ Pues fue el 26 de abril de 1999, en Madrid.

Alumno A

1. Madrid, 26/04/1999		**7.** Madrid, 14/03/1999	
2. Madrid, 18/05/1999		**8.**	
3.		**9.** Madrid, 04/09/2000	
4.		**10.**	
5.		**11.**	
6. Madrid, 03/02/2000		**12.** Madrid, 08/01/2001	

Alumno B

1. ....
2. ....
3. Madrid, 21/06/1999
4. Madrid, 29/09/1999
5. Lisboa, 10/12/1999
6. ....

7. ....
8. Madrid, 12/07/2000
9. ....
10. Madrid, 26/10/2000
11. Madrid, 13/11/2000
12. ....

7

2. La historia de Campofrío

[24]

2.1. Escucha la información radiofónica sobre la creación de Campofrío, una empresa del sector cárnico. Marca los verbos que están en pretérito indefinido.

☐ arriesgarse ☐ durar ☐ fundar ☐ ser

☐ comenzar ☐ elaborar ☐ iniciar ☐ trabajar

☐ creer ☐ embarcarse ☐ intuir

☐ decidir ☐ fabricar ☐ nacer

creer		***intuir***	
Presente regular	*Pretérito indefinido irregular*	*Presente irregular*	*Pretérito indefinido irregular*
	yo creí tú creíste		yo intuí tú intuiste
él cree	él cre**yó**	él intuye	él intu**yó**

2.2. Completa el texto con los verbos correspondientes del pretérito indefinido.

- En 1952 *(a)* .... Campofrío.
- José Luis Ballvé *(b)* .... embarcarse en el nuevo negocio de los productos cárnicos.
- La actividad *(c)* .... en Burgos con recursos limitados.
- Al principio *(d)* .... sólo con carne fresca.
- En la década de los 60 *(e)* .... los embutidos de la marca Campofrío.

Empresas privadas, públicas y ONG

2.3. **A continuación hay más datos de la empresa. Escribe un texto para completar la historia de esta compañía.**

1978	- Venta del 50% de la sociedad a la compañía estadounidense Beatrice Food's. - Fuerte impulso para la firma y nueva orientación comercial. - Punto de partida de su aventura internacional.
Década de los 80	- Puesta en marcha de nuevas industrias de tratamiento de embutidos. - Expansión continuada.
1985	- Pedro Ballvé en la presidencia (fallece su padre José Luis Ballvé). - Recuperación de las acciones de la compañía norteamericana con la ayuda del Banco Central.
1988	- Creación de la Sociedad Agrocarne en la República Dominicana. - Distribución de productos desde Agrocarne a Estados Unidos, México, Venezuela y otros países del Caribe. - Salida a Bolsa de un 10% de su capital (septiembre).
Años 90	- Aumento de la presencia internacional con nuevas delegaciones en Rusia y los países del Este de Europa. - Acuerdo de participación con la empresa Hormel Foods de EEUU.

Expresiones de tiempo:
   En 1999...
   En septiembre de 2000...
   En la década de los 90...
   En los años 90...
   A comienzos/finales de los 90...
   Hace 2 años, meses, semanas...

Otras expresiones útiles:
   Un acontecimiento importante...
   Un hecho a destacar...
   Con el paso del tiempo...

Verbos útiles:

suponer   inaugurar   firmar
impulsar   vender   acceder   poner en marcha
aumentar   iniciar   recuperar   crear
   salir   acordar   distribuir

Verbos irregulares:
Poner > yo puse, tú pusiste, él puso...
Suponer > yo supuse, tú supusiste, él supuso...
Distribuir > yo distribuí, tú distribuiste, él distribuyó...
Pero:
Salir
   • presente: irregular > yo salgo
   • pretérito indefinido: regular > yo salí, tú saliste, él salió...
Acordar
   • presente: irregular > yo acuerdo, tú acuerdas, él acuerda, nosotros acordamos, vosotros acordáis, ellos acuerdan.
   • pretérito indefinido: regular > yo acordé, tú acordaste, él acordó...

3. Cruz Roja en el año 1999

3.1. Trabaja en pareja (Alumno A, Alumno B). Lee la información sobre la Cruz Roja y escribe las preguntas para obtener los datos que necesitas.

Alumno A

Presta servicios permanentes en ▮▮▮▮ países. Pero realiza acciones en un número mucho más elevado de países (unos ▮▮▮▮):
- África............20
- América ▮▮▮▮
- Europa y Asia central......15
- Asia ▮▮▮▮
- Oriente Próximo......9

Personal
Trabajan en plantilla un total de 11.821 personas:
- Personal en la sede: 780
- Otros: 11.041 que distribuyen de la siguiente forma:
  - personal de Sociedades Nacionales: 282
  - personal expatriado: 899
  - personal local: ▮▮▮▮

Preguntas del Alumno A

Ejemplo: ¿En cuántos países prestaron servicios permanentes en 1999?

1. ....
2. ....
3. ....
4. ....
5. ....

Alumno B

Presta servicios permanentes en 58 países. Pero realiza acciones en un número mucho más elevado de países (unos 80):

- África [____]
- América...........7
- Europa y Asia central........15
- Asia................10
- Oriente Próximo [____]

Personal

Trabajan en plantilla un total de [____] personas:

- Personal en la sede: [____]
- Otros: 11.041 que distribuyen de la siguiente forma:
  - personal de Sociedades Nacionales: [____]
  - personal expatriado: 899
  - personal local: 9.860

Preguntas del Alumno B

Ejemplo: En África, ¿cuántas acciones realizó la Cruz Roja en 1999?

1. ....
2. ....
3. ....
4. ....
5. ....

3.2. **Ahora pregunta a tu compañero y completa los datos que te faltan.**

Ejemplo:

> ► ¿En cuántos países prestaron servicios permanentes en 1999?
> ▷ Pues, fueron...

4. El bienestar privado

[25]

4.1. **En la radio emiten tres entrevistas publicitarias.**
Escucha y anota sobre qué tipo de producto se hace publicidad.

4.2. Vuelve a escuchar la entrevista. Completa con la información necesaria.

Conversación	¿Qué tipo de seguro tiene?	¿Por qué tienen un seguro privado?
nº 1		
nº 2		
nº 3		

4.3. El negocio de los seguros, ¿una necesidad?
¿O debería el estado ocuparse de cubrir todos los servicios asistenciales (médicos, medicinas, jubilaciones, pensiones de invalidez…)?
Discutid en el grupo.

4.4. Lee los diálogos del anuncio de la radio.

EL PÚBLICO NO ENGAÑA, AQUÍ ESTÁ LA PRUEBA

Diálogo 1.

► Hola, buenos días. Estamos realizando una encuesta para conocer si Vd. recurre a la sanidad pública o a la privada.
▷ Yo uso ambas. Tengo un seguro médico de empresa que me viene muy bien para las cosas pequeñas.
► ¿Toda su familia está asegurada por la empresa?
▷ Sí, sí ¡claro! El seguro es también para mi mujer y mis dos hijos.
► ¿Qué es lo que más les convence?
▷ A mí, que lo tengo pagado por la empresa. Si no, voy a la Seguridad Social ¡y tan tranquilo! A mi mujer le convence que los niños están mejor atendidos.
► ¿Me puede decir el nombre de su mutua?
▷ Mutua *Salud y vida.*
► Muchas gracias.
▷ De nada.

*Nuevamente nuestra mutua, Mutua **Salud y vida** les ofrece a las empresas los mejores planes médicos para sus empleados.*

Empresas privadas, públicas y ONG

Diálogo 2.

► Caballero, caballero, por favor.
▷ Dígame.
► ¿Podría responderme a unas preguntas?
▷ Dígame, dígame...
► ¿Tiene usted alguna mutua o seguro privado?
▷ Sí, señorita, claro... ¿usted cree que yo podría vivir de la jubilación de la Seguridad Social? Tengo una póliza privada y además con la misma mutua un seguro médico, a mí no me gustan los grandes hospitales de la Seguridad Social... a mí me gusta el trato personal, con cariño. Le voy a decir una cosa, señorita: las personas, somos personas antes que enfermos ¡oiga! y la gente de mutua *Salud y vida* me trata como persona...
► Sí, sí, ya le entiendo... Muy bien.

Nuevamente nuestra mutua. Mutua *Salud y vida* les ofrece a todos los mejores planes de jubilación y la atención médica más personalizada.

Diálogo 3.

► ¿Usted tiene un seguro de salud privado?
▷ Sí, sí, la verdad es que prefiero pagar un poco y elegir los especialistas que quiero que me atiendan.
► ¿Elige los que tiene más cerca de casa?
▷ Sí, sí, claro. El tiempo es oro. Aunque si hay alguno que me han recomendado, no me importa, en un caso especial, desplazarme un poco más.
► ¿Le paga la empresa el seguro de salud?
▷ No, no, yo elegí la mutua *Salud y vida* por cuestiones personales.
► Muchas gracias.
▷ De nada.

**Nuevamente nuestra mutua. Mutua *Salud y vida*
les ofrece la elección libre de especialistas.
Todos están de acuerdo: mutua *Salud y vida* les cuida.**

4.5. Fíjate en los pronombres de objeto indirecto de 3ª persona que aparezcan e identifica a quiénes se refieren.

Le *voy a decir una cosa, señorita.*
Les *ofrece a las empresas los mejores planes médicos.*

Si el objeto indirecto es singular: **le**
Si el objeto indirecto es plural: **les**

Frase del diálogo	**Se refiere...**
Ejemplo: ¿Qué es lo que más <u>les</u> convence?	a toda la familia: al encuestado y a su mujer.

5. El seguro de vida

 5.1. Trabajad en grupos de tres: cada uno lee una de las siguientes informaciones sobre aseguradoras españolas. Explica a tus compañeros lo que has leído.

Compañía de Seguros y Reaseguros, S.A.

MAPFRE se constituyó en el año 1933 y su origen tuvo lugar en la Agrupación de Propietarios de Fincas Rústicas de España, creada en agosto de 1931 para representar y defender sus propios intereses, así como los de sus trabajadores, proporcionándoles asistencia en los accidentes de trabajo en la agricultura.

Esta actividad, referida inicialmente al Seguro de Accidentes de Trabajo, se amplió rápidamente. Así, a finales de 1933, la Mutualidad creó los ramos de Incendio y Pedrisco; en 1936 los ramos de Accidentes Individuales y de Robo para posteriormente, en 1943, extender su actividad a los de Vida, Responsabilidad Civil y Transportes.

Paralelamente a este desarrollo en los distintos ramos del Seguro, se llevó a cabo una ampliación de la Red Territorial. La actividad inicial la realizaban delegaciones comarcales, dependientes directamente de la Central, para en 1934 pasar a ser delegaciones provinciales, teniendo principal relieve las de Andalucía, Castilla, La Mancha y Extremadura.

En 1955 fue nombrado Director General D. Ignacio Hernando de Larramendi y Montiano, impulsor de la MAPFRE actual.

En los años 1958-59 se desarrollaron otros ramos, particularmente el de Automóviles, el de mayor volumen en la actualidad.

En enero de 1989 Corporación MAPFRE, que hasta la fecha fue la inversora en el exterior, traspasó su cartera de participaciones en Sociedades de Seguro Directo a MAPFRE INTERNACIONAL, y, simultáneamente, transfirió a MAPFRE REASEGURO sus participaciones en Reaseguradoras del exterior.

Desde esa fecha, MAPFRE INTERNACIONAL se convirtió en la entidad holding de la Red Internacional de Seguro Directo en MAPFRE.

En 1990 comenzó a operar el BANCO MAPFRE con el objetivo de transformarse en este decenio en un importante banco de servicios a particulares, con una amplia red de oficinas en toda España.

En abril de ese mismo año, se produjo la transformación de MAPFRE INDUSTRIAL en MAPFRE SEGUROS GENERALES.

Empresas privadas, públicas y ONG

PRESENTACIÓN INSTITUCIONAL

SANTA LUCÍA
SEGUROS
Instinto de Protección

¿Qué es Santa Lucía?
- Santa Lucía es una entidad aseguradora privada de ámbito nacional, fundada en 1922 y, por lo tanto, con más de 75 años de experiencia en la cobertura de riesgos que afectan al ámbito familiar.

¿Cuál es nuestro objetivo?
- Prestar, en todo momento, un servicio de calidad, a través de una atención rápida y eficaz a nuestros más de nueve millones de Asegurados.

¿Cuál es la garantía de nuestro Asegurado?
- Santa Lucía, según publicaciones de prensa especializada, es una de las entidades con mayor solvencia en el sector asegurador.

Capital, reservas y provisiones técnicas: 970.090.232 euros.

¿Cuál es nuestra posición en el ranking del sector?
- Santa Lucía es la primera aseguradora en dos de los principales ramos: Seguro de Decesos y Asistencia Familiar con más de 2.300.00 pólizas y más de 366.617.384 euros en primas. Seguro Combinado del Hogar con más de 750.000 polizas y casi 87.146.755 euros en primas. Además ocupa una posición destacada en el resto de ramos.

  Todo esto supone un volumen total de cerca de 3.500.000 de pólizas con un volumen de primas de 564.019.809 euros a cierre de 2000, lo que convierte a Santa Lucía en una de las compañías líderes en España.

OCASO

P R O D U C T O S
LA MÁS AMPLIA GAMA DE PRODUCTOS ASEGURADORES A SU SERVICIO

OCASO ORO
Un nuevo concepto en seguro de Decesos de Accidentes y Asistencia

OCASO VIVIENDA
Garantías esenciales para la máxima protección de su patrimonio

OCASO MULTIAUTO
El seguro de su coche con la garantía de Ocaso

OCASO COMERCIO
Velamos por su negocio

5.2. Lee la información de las otras aseguradoras. Decide qué empresa prefieres para hacerte un seguro. Explica por qué la has elegido.

¿Qué tipo de información te ha sido más valiosa para tomar tu decisión?
¿Qué otro tipo de información necesitas para tomar tu decisión?

6. Parte médico de baja

6.1. **Lee las siguientes preguntas.**

- 1. ¿Cuántas personas intervienen en la conversación telefónica?
- 2. ¿De quién hablan?
- 3. ¿Por cuántos días le han dado la baja médica?
- 4. ¿Quién se lo cuenta a Ricardo (Director de Administración)?

[26]

6.2. **Escucha la conversación telefónica y responde a las preguntas de 6.1.**

6.3. **Lee el diálogo y subraya las expresiones que sirven para:**

a. Despedirse por teléfono
b. Pasar la llamada a otra persona
c. Informar del objetivo de la llamada

▶ Sí, ¿dígame?
▷ Hola Elena, soy Alberto, el marido de Carmen, ¿cómo estás?
▶ Bien, gracias. ¿Y vosotros?
▷ Pues yo bien, pero Carmen se ha levantado con bastante fiebre.
▶ Vaya, ¿una gripe?
▷ Bueno, hemos ido a urgencias y nos han dicho que es una bronquitis.
▶ Ah, pues esto hay que cuidarlo.
▷ Sí, le han dado la baja para 4 días.
▶ No te preocupes, lo importante es recuperarse. ¿Quieres que te pase con Ricardo o se lo cuento yo?
▷ Prefiero que me pases con él.

▶ Muy bien, un momento. Da un beso de mi parte a Carmen.
▷ De tu parte. Gracias.
▶ Adiós.
▷ Adiós.
(...)
▶ Sí, ¿dígame?
▷ Hola, soy el marido de Carmen. Llamo para deciros que está de baja médica durante cuatro días.
▶ No te preocupes y di a Carmen que ¡a recuperarse! Es lo más importante.
▷ Muchas gracias, se lo diré.
▶ Un saludo y gracias por llamar.
▷ De nada. Adiós.
▶ Adiós.

6.4. **En grupo de tres (Alumno A, B y C) simulad una conversación telefónica según la información siguiente.**

Alumno A	Alumno B	Alumno C
• Tu mujer o tu marido está enfermo. Piensa qué síntomas tiene.	• Trabajas en el departamento de contabilidad de una multinacional como administrativo.	• Tú eres el jefe de departamento.
• Tiene la baja médica por una semana.		• El administrativo te pasa una llamada.
• Llama a su empresa para comunicárselo. Hablas con el administrativo del departamento de tu mujer/marido para que te pase con el jefe.	• Recibes una llamada de un compañero y tienes que pasarla a vuestro jefe.	

Empresas privadas, públicas y ONG

6.5. Observa el *parte de baja*. ¿Existe este tipo de formulario en vuestro país?

INSALUD PARTE MÉDICO BAJA/ALTA DE INCAPACIDAD TEMPORAL
POR CONTINGENCIAS COMUNES

DATOS DEL TRABAJADOR

Núm. Afiliación Seguridad Social: D.N.I.:

Domicilio: Localidad:

Provincia: C.P.:   Tel.:

SITUACIÓN LABORAL: ACTIVO: ☐   DESEMPLEADO: ☐

DATOS DE LA EMPRESA

Nombre Empresa: Domicilio:

Localidad: C.P.:   Provincia:

Actividad: Código CNAE: Puesto de trabajo:

MUTUA:

                                      DÍAS: MESES:
¿Duración probable de la BAJA? ☐☐   ☐☐ Duración estándar De   a   días.

DATOS DEL FACULTATIVO

Nombre y apellidos:
Núm de colegiado:
Núm de CIAS:

DATOS DEL TRABAJADOR

Núm. Tarjeta Sanitaria:

Nombre:

Apellidos:

REGIMEN:

GENERAL: ☐   MAR: ☐
AUTÓNOMOS: ☐   E. HOGAR: ☐
AGR. C/PROPIA: ☐   M. CARBÓN: ☐
AGR. C/AJENA: ☐

CAUSAS DEL ALTA

CURACIÓN: ☐   AGOTAMIENTO PLAZO: ☐
FALLECIMIENTO: ☐   MEJORÍA QUE PERMITE ☐
                         REALIZAR SU TRABAJO
INSPECCIÓN MÉDICA: ☐   HABITUAL:
PROPUESTA DE INVALIDEZ: ☐ INCOMPARECENCIA: ☐

Entidad de pago IT/CC:

EMPRESA COLAB.: ☐
MUTUA: ☐
INSS: ☐
ISM: ☐

Firma y sello (firmar siempre)

---

7. Actividades en el trabajo: preguntas y respuestas

7.1. Escribe en la página siguiente 5 preguntas que te gustaría hacer a tu compañero sobre lo que hizo ayer en su trabajo y 5 preguntas sobre lo que ha hecho este mes.
Después pregunta a tu compañero y anota sus respuestas.

- Para preguntar por **ayer**: **pretérito indefinido**.
  - *Ayer firmé un contrato con la administración pública para proveerles de software.*
- Para preguntar por **este mes**: **pretérito perfecto**.
  - *Este mes he preparado la oferta para la administración pública para proveerles de software.*

Ayer

Preguntas	Respuestas
1.	
2.	
3.	
4.	
5.	

Este mes

Preguntas	Respuestas
1.	
2.	
3.	
4.	
5.	

7.2. Se organiza el aula en dos equipos. Un alumno del equipo A lee una de sus respuestas a un miembro del equipo B, el alumno del equipo B debe pensar y formular la pregunta correspondiente. Después será el turno del alumno del equipo B que ha contestado, éste debe repetir el proceso. Gana el equipo con más preguntas correctas.

8. Preposiciones

Completa con la preposición adecuada.

1. Estuvimos en Tenerife .... finales de febrero.
2. .... el paso del tiempo, todo se quedó en una idea.
3. ¿Cuántas acciones realizó la Cruz Roja .... 1999?
4. Pago una cuota anual del seguro de vida .... toda la familia.
5. Les ofrecemos .... las empresas los mejores planes médicos.
6. Llamo .... comunicaros que mi marido está de baja médica.
7. ¿Me puede pasar .... el director de contabilidad?
8. ▶ ¿Por qué eligió la mutua *Salud y vida*?
   ▷ .... sus profesionales.

9. Escribe

A continuación tienes el formulario "oferta para colectivos" de la aseguradora Sanitas para solicitar un seguro de empresa. Completa los datos que te piden y solicita información sobre este tipo de seguro.

✔ ACEITES Y ACEIT	
ACTIVIDADES DIV	
ADMINISTRACIÓN	
ALIMENTACIÓN	
ASOCIACIONES	
BANCA	
BEBIDAS	
BECARIOS	
CAUCHO Y NEUMAT	
CEMENTO	
COLEGIOS PROFES	
COMERCIALES	
COMERCIALES AUT	
COMERCIALES FAR	
COMUNICACIONES	
CONFECCIÓN Y GE	
CONSTRUCCIÓN E	
CONSTRUCCIÓN NA	
CONSTRUCCIONES	
EDITORIALES, IM	
ELECTRODOMESTIC	
ELECTRÓNICA	
ENERGÍA ELECTRI	
ENSEÑANZA	
FINANCIERAS	
GRANDES ALMAC	
HOSTELERÍA	
IMPORTACIÓN-EXP	
INDUSTRIA FARMA	
INFORMÁTICA	
INGENIERIA	
ISFAS SANITAS P	
JOYERÍA, RELOJERÍA	
LIMPIEZA	
MADERA, CORCHO	
MATERIAL DE CON	
MATERIAL ELECTR	
METALURGIA NO F	
MINERÍA	
MUFACE SANITAS	
MUGEJUSANITAS P	
NO INDICAN SECT	
PAPEL Y CARTÓN	
PERFUMERÍA Y DE	
PETRÓLEO Y GASO	
PIEL, ZAPATOS Y	
PLÁSTICOS	
PRODUCTOS LÁCTEOS	
PUBLICIDAD Y MA	
QUÍMICA	
SEGUROS	
SERVICIOS PÚBLI	
SIDEROMETALURGIA	
TEXTIL	
TRANSPORTES Y A	
VEHÍCULOS	
VIDRIO	

Nombre del colectivo:

Actividad: ACEITES Y ACEIT ⬍   CIF:

Domicilio Social: CALLE ⬍   Nº: Planta:

Código Postal: Localidad: Provincia:

Teléfono 1:   Teléfono 2:   Fax:

Persona de contacto   E-mail:

Ámbito territorial del seguro: ⦿ Nacional   ○ Local

○ Paga empleado   ⦿ Paga empresa   ○ Otros

Nº potencial de titulares: Nº potencial de personas:

Forma de pago: ANUAL ⬍   Producto de interés: SANITAS MULTI ⬍

Pirámide de edades:

EDAD:	0-2	3-10	11-19	20-29	30-39	40-44	45-54	55-59	60-64	65-69	+ 69	Total
HOMBRES:	0	0	0	0	0	0	0	0	0	0	0	0
MUJERES:	0	0	0	0	0	0	0	0	0	0	0	0

Otros datos a considerar:

✔ CALLE	✔ ANUAL	✔ SANITAS MULTI
PLAZA	MENSUAL	SANITAS MUNDI 30 MILLONES
AVENIDA	SEMESTRAL	SANITAS MUNDI 15 MILLONES
EDIFICIO	TRIMESTRAL	SANITAS MUNDI 5 MILLONES
GLORIETA		SANITAS ORO
PARQUE		SANITAS MUNDI UN MILLÓN DE A
TRAVESÍA		SANITAS DENTAL
URBANIZACIÓN		SANITAS RENTA
		SANITAS ESTUDIOS
		OTRO REEMBOLSO SIN FRANQUICIA
		OTRO REEMBOLSO CON FRANQUICIA

Compañía aseguradora del ramo de sanidad.
www.sanitas.es

10. Diferencias culturales

Puntos de vista sobre la economía

10.1. Lee las opiniones y completa la segunda columna.

Opiniones	• *Mi punto de vista es...* • *En mi país se opina que...*
Las empresas familiares son un modelo arcaico, es necesario introducir consejos de administración con gente con ideas renovadas.	
Las economías de los países deben sustentarse sobre las PYMES[1], ya que sus políticas estratégicas tienden a ser más estables. Una economía sustentada sobre multinacionales puede producir más vaivenes socioeconómicos en el país.	
Perdonar la deuda externa es imprescindible para el crecimiento de los países en vías de desarrollo.	
Las ONG[2] son necesarias en el mundo de la globalización ya que se ocupan de la economía de todos los que no pueden subirse al trepidante tren de la globalización.	
El sector sanitario y todas las prestaciones sociales deben ser privados, su alto coste puede llevar a los estados a la bancarrota.	
El concepto de "comercio justo" es inviable y por lo tanto puede desaparecer.	

[1] PYME: Pequeña y mediana empresa

[2] ONG: Organización no gubernamental

10.2. Discutid los resultados.

11. Lectura

11.1. Responded a las preguntas

a) ¿Conocéis alguna feria internacional en España?

b) ¿Cuáles creéis que pueden ser las ciudades con las principales ferias?

11.2. Subraya todas las palabras que se refieren a las ferias y a sus instalaciones.

Ferias internacionales en España

El sector ferial español ha experimentado en los últimos cinco años un crecimiento espectacular y, aunque todavía queda mucho por hacer, las expectativas son muchas. El director de Ifema (Parque Ferial de Madrid), Fermín Lucas, dice que en España "tenemos un gran potencial que debemos saber explotar". El futuro viene acompañado de calidad en este sector. El presidente de la Asociación de Ferias Españolas (AFE), Juan Garaiyurrebaso, dice, al hablar de la calidad, "pretendemos crear una etiqueta de calidad que defina unos mínimos que tienen que cumplir los miembros de la AFE. Así, los usuarios, tanto expositores como visitantes, tienen la garantía de unos servicios".

Los recintos españoles están mejorando sus instalaciones para ofrecer mayor espacio y mayor calidad y comodidades. Madrid, Barcelona, Valencia, Bilbao y Sevilla son ejemplos de ello. Se pretende hacer más agradable la estancia de los visitantes con la mejora de los servicios complementarios como restaurantes, jardines, facturación de maletas, etc.

La Administración Pública también participa en este escaparate de las empresas. El impacto que el negocio de las ferias tiene en las ciudades es grande. Las iniciativas que promueven son, por ejemplo, llevar el metro a la puerta del recinto o mejorar los accesos por carretera.

11.3. Completa con las palabras subrayadas.

....

....

Ferias

....

....

....

....

....

Instalaciones

....

....

....

11.4. Las 10 ferias profesionales más visitadas en España en 1999:
Compara la información con las respuestas de la actividad 11.1.

Los más visitados
Ferias profesionales más visitadas en 1999

Nº	Feria	Nº visitantes
1	Salón Internacional del Automóvil (Barcelona)	915.894
2.	Fidma (Gijón)	690.697
3.	Expo-Ocio (Madrid)	486.019
4.	Salón del Automóvil (Sevilla)	423.678
5.	Fiv-Expojove (Valencia)	345.636
6.	Feria Internacional de Muestras (Valladolid)	298.299
7.	Simo TCI (Madrid)	257.437
8.	Construmat (Barcelona)	254.570
9.	Expoconsumo-Expovacaciones (Bilbao)	229.975
10.	Juvenalia (Madrid)	224.384

Información de Actualidad Económica

Empresas privadas, públicas y ONG

Tarea final

Informe económico para la ONG Intermón

1. **Leed y comentad los siguientes datos de Intermón del año 1998-1999*.**

Cifras anuales de la ONG *Intermón*, una organización dedicada a la cooperación para el desarrollo y a la ayuda humanitaria

En el ejercicio 1998-1999 se contó con la ayuda de más de cinco mil millones de pesetas (30.120 millones de euros) de la sociedad española. Los donativos se incrementaron en un 22%, las ventas en un 30% y las subvenciones públicas en un 15%.

Origen de los ingresos

- Socios y colaboradores: 2.882 M pta.(17'36 M de euros).
- Ventas e ingresos financieros: 381 M pta.(2'29 M de euros).

> **Total recursos privados: 3.263 M pta. (19'65 M de euros).**

- Unión Europea (UE): 630 M pta. (3'79 M de euros).
- Gobierno español: 619 M pta. (3'72 M de euros).
- Administraciones locales y autonómicas: 831 M pta. (5 M de euros).

> **Total recursos públicos: 2.080 M pta. (12'53 M de euros).**
> **Total recursos: 5.343 M pta. (32'18 M de euros).**

Aplicación de los recursos

- Proyectos de desarrollo y emergencia: 4.118 M pta. (24'80 M de euros).
- Programas de sensibilización, Comercio Justo y editorial: 701 M pta. (4'22 M de euros).
- Administración y captación de fondos: 524 M pta. (3'15 M de euros).

> **Total: 5.343 M pta. (32'18 M de euros).**

Distribución de los recursos en proyectos aprobados entre julio de 1998 y junio de 1999

1. Por áreas geográficas

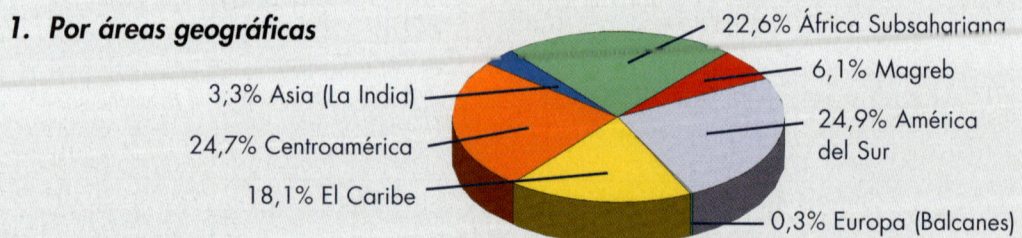

3,3% Asia (La India)
24,7% Centroamérica
18,1% El Caribe
22,6% África Subsahariana
6,1% Magreb
24,9% América del Sur
0,3% Europa (Balcanes)

* En los años 98-99 la moneda oficial en España era aún la peseta. Damos los datos en pesetas y en euros.

2. Por sectores

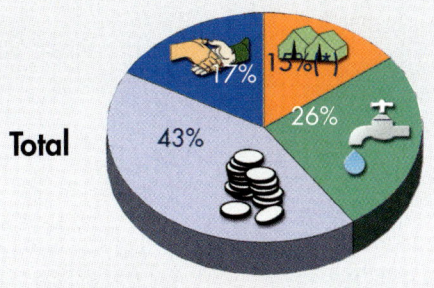

Total

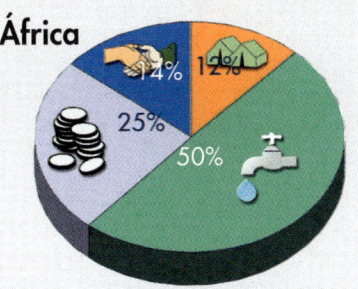

África

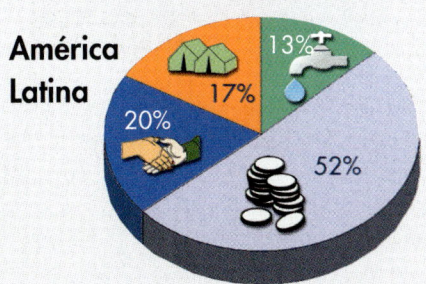

América Latina

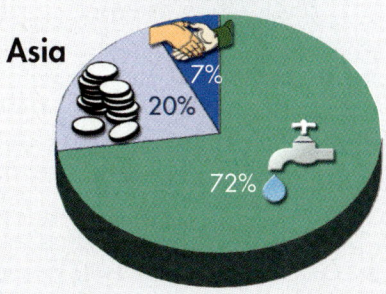

Asia

 Cobertura de necesidades básicas y acceso a servicios sociales
- Alimentación, salud y saneamiento ambiental, agua potable, educación, vivienda y capacitación laboral.

 Promoción de alternativas económicas sostenibles
- Sector agropecuario (rural): mejora de la producción agrícola/ganadera, transformación y comercialización.
- Sector informal (urbano marginal): microcréditos a pequeños productores/comerciantes, formación en microempresas y acceso a la comercialización.

 Fortalecimiento de la sociedad civil
- Apoyo a organizaciones de la sociedad civil que defienden los intereses de la población excluida y los derechos humanos.

 Emergencias y Ayuda humanitaria (*).
(*) El total de donativos privados recibidos por Emergencias durante el ejercicio 98-99 asciende a 1.246 millones de pesetas (7'50 millones de euros). Contabilizamos en este ejercicio la parte ejecutada a 30 de junio de 1999. El resto se aplicará durante los próximos dos años.

 2. **Redactad un resumen o un breve informe con estos datos de Intermon. Usa el indefinido y las expresiones correspondientes.**

 Usa las siguientes expresiones para...
- ordenar el discurso en el tiempo:

    En primer lugar, ...
    En segundo lugar, ...
    En tercer lugar, ...
    Para terminar, ...

- resumir una parte del relato:

    En resumen, ...

- añadir información:

    Además, ...
    También ...

- presentar información contrastándola:

    Sin embargo, ...

 3. **Intercambiad con otro grupo vuestro informe.**

Empresas privadas, públicas y ONG

HISPANOAMÉRICA

HISPANOAMÉRICA

1

Rodrigo Dos Santos ha llegado a Yucatán Salvaje. Ligia Noriega, Directora de Planeación, le ha recibido y le ha enseñado las instalaciones de la oficina, también le ha presentado a su equipo.
Ahora empieza la presentación de la Sra. Ligia Noriega.
Escucha la presentación y completa los espacios.

[27]

Esta mañana nos acompaña el (1) ....
Rodrigo Dos Santos a quien ya conocen todos ustedes. Su visita a la ciudad de México se debe a la reciente asociación entre su empresa y la nuestra, Yucatán Salvaje.
Yucatán Salvaje desea participar de las posibilidades que ofrece el sector turístico y por ello junto con el Sr. Dos Santos queremos ser responsables de la (2) ....-.................... y programación de nuevos paquetes turísticos enfocados a la formación de ejecutivos, estamos muy interesados en (3) .... un programa de (4) .... sobre el (5) .... de equipos en el que participen los dirigentes empresariales de nuestro país o incluso a traer a equipos de empresas de nuestros países vecinos.
En este momento, México es un país atractivo para la inversión en el sector turístico, así como para la formación de ejecutivos.
En primer lugar, ustedes conocen la importancia del sector turístico que representó el 8.2 % del (6) .... y participó con el 6.0 % de las (7) .... en promedio del país. Segundo, los turistas aumentaron 6.3% su gasto (8) .... La ampliación y (9) .... de la infraestructura es parte fundamental de la diversificación de los destinos turísticos. Estos sólidos resultados se han obtenido a través de cinco años de esfuerzo de la presente administración: la promoción de la inversión nacional y extranjera en la actividad turística alcanzó los 5,103.3 millones de dólares. Esta es la optimista realidad de nuestro sector turístico.

2

Los espacios que has completado le parecen algo raros a Rodrigo.
¿Cómo son estas palabras en español peninsular, se pregunta Rodrigo? Comentadlo toda la clase.

Ligia Noriega dice en su presentación...	En español peninsular dicen...
1.	a. ....
2.	b. ....
3.	c. ....
4.	d. ....
5.	e. ....
6.	f. ....
7.	g. ....
8.	h. ....
9.	i. ....

De acá y de allá

Escala esta antigua pirámide mexicana.
Contesta a las preguntas de las piedras de la pirámide.
Si consigues contestar todas las preguntas y llegas a la morada del dios
Sol, tendrás la suerte de los protegidos por este dios, dios de la fortuna
y la vida.

7

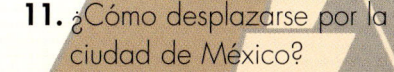

13. ¿En qué siglo se fundó la ciudad de México?

11. ¿Cómo desplazarse por la ciudad de México?

12. Si en México D.F. pido a un taxista que me lleve a Polanco, ¿qué voy a ver?

7. Tres ciudades de México.

8. Tres elementos de la gastronomía de México.

9. Tres accidentes geográficos.

10. Tres lugares turísticos.

1. ¿Cuál es la capital industrial del país?

2. La ciudad de México, ¿es la más grande del mundo?

3. ¿Cuál es el símbolo de la ciudad de México?

4. ¿Por qué ha crecido tanto la ciudad de México?

5. ¿Cuántos kilómetros de frontera comparten México y EE.UU.?

6. ¿Cuál es el problema medioambiental más grave de la ciudad de México?

Empresas privadas, públicas y ONG

In dieser Lektion lernen Sie:

■ *über Vergangenes sprechen*
> En enero de 1985 trabajé de jefe de personal en la empresa *Construcciones de lujo*....

■ *Situationen der Vergangenheit beschreiben*
> ► ¿Cuáles eran sus funciones?
> ▷ Pues entrevistaba a los nuevos candidatos, preparaba los anuncios de prensa...

■ *eine Verpflichtung ausdrücken*
> En mi opinión, un buen ejecutivo **debe demostrar** confianza en su equipo y **lo que nunca tiene** que hacer es ser inflexible en la aplicación de sus ideas.

■ *sich auf ein Thema beziehen*
> **Respecto a** la promoción dentro de la empresa...
> **En cuanto a** la jornada laboral reducida...

■ *zusammenfassen*
> En conclusión...
> O sea que...

■ *einen Termin verschieben*
> El lunes a las 10 de la mañana me es imposible asistir. ¿Podríamos quedar en otro momento?

Hombres de empresa: del anonimato al reconocimiento

1. Las primeras salidas profesionales

1.1. Lee los siguientes anuncios de trabajo.

EMPRESA LÍDER EN EL SECTOR DE ALIMENTACIÓN ANIMAL

busca

INFORMÁTICO

SE REQUIERE:

- Edad de 25 a 35 años.
- Nivel estudios: diplomado o titulado superior en Informática.
- Conocimientos de Navision Financials, Lotus Notes, Oracle, Windows NT y Paradox.
- Experiencia demostrable.
- Abstenerse personas sin conocimientos de Navision Financials.

SE OFRECE:

- Incorporación inmediata.
- Contrato indefinido.
- Retribución según valía.

Interesados, enviar *currículum vitae* al apartado de Correos 58, 28070 Colmenar de Arroyo. Citar referencia *Informático*.

Grupo empresarial cotizado en Bolsa con fuerte implantación nacional, busca para su sede central en Madrid:

SECRETARIA DE ALTA DIRECCIÓN

SE REQUIERE:

- Profesional con 8-10 años de experiencia como secretaria de presidencia o de alta dirección.
- Dominio de idiomas: inglés y francés recomendable.
- Experta en herramientas ofimáticas y nociones contables.
- Coordinación de agendas y relaciones externas.
- Horario especial de dirección.
- Edad 32-36 años.

SE OFRECE:

- Incorporación inmediata con contratación fija.
- Retribución a convenir según experiencia aportada.

Interesados, enviar C.V. con foto reciente y pretensiones económicas a: c/ Juan Álvarez de Mendizábal, 21. 28004 MADRID.

Empresa industrial con 70 empleados precisa

COORDINADOR RRHH

Requisitos

- Edad entre 30 y 40 años.
- Graduado social o equivalente.
- Carnet de conducir y disponibilidad horaria.

Se ofrece

- Contrato laboral.
- Remuneración según valía.

Interesados enviar urgentemente CV a la dirección e-mail: rrhhteco@stl.logicontrol.es

---

COMPAÑÍA DE FORMACIÓN VIRTUAL PIONERA EN EL MUNDO DE INTERNET

selecciona

CONSULTORES COMERCIALES DE FORMACIÓN

Perfil

- Profesional con amplia experiencia comercial en venta de servicios, preferentemente en el ámbito de la formación, consultoría de RR.HH. o editorial.
- Diplomados/as o licenciados/as con capacidad de interlocución a alto nivel.

Interesados enviar urgentemente CV a: mperez@directonet.com

1.2. Lee el currículum vitae (CV).
¿A qué anuncio del ejercicio 1.1. ha respondido la persona?

CURRÍCULUM VITAE

Datos personales:

Nombre y apellidos	Rocío Ballesteros Ríos
Fecha y lugar de nacimiento	4 de junio de 1968, Jaén

Formación:

1982 – 1986	BUP y COU en el Colegio "Federico García Lorca" en Valencia
1986 – 1991	Estudios de Sociología en la Universidad de Alicante
1992 – 1994	Master en Recursos Humanos por la Universidad de Manchester

Experiencia profesional:

1994 – 1995	Prácticas en el Departamento de RR.HH. de la consultoría Arthur Andersen, Madrid
1995 – 1998	Consultora comercial para el mercado español en la oficina Arthur Andersen, Londres
1998 – 2002	Consultora: Análisis de viabilidad de proyectos en la empresa FNAC, Madrid

Idiomas:

Español:	Lengua materna
Inglés:	Nivel alto: Certificate of Proficiency in English (CPE)
Francés:	Nivel medio

1.3. En grupos, preparad cinco preguntas para la candidata Rocío Ballesteros.

Ejemplo:
¿En qué empresas ha trabajado usted?
...

1.4. Escribe tu currículum vitae.

2. Toma de contacto: al teléfono

2.1. Escucha las conversaciones telefónicas. Relaciona cada conversación con una de las situaciones a.- d.

[28]

- ☐ **a.** Preguntar por el resultado de una entrevista.

- ☐ **b.** Citar a un candidato.

- ☐ **c.** Preguntar por un proceso de selección.

- ☐ **d.** Cambiar una cita de día.

2.2. Lee las conversaciones telefónicas y anota en cada cuadro de la página siguiente las expresiones que correspondan.

Conversación número 1

▶ ¿Sí, dígame?

▷ Hola, buenos días. Llamo de la empresa de *Selección de Recursos Humanos*. Usted nos mandó un currículum para el puesto de "Responsable de desarrollo de negocio" y ha sido seleccionado para la primera fase de entrevistas.

▶ Ah, muy bien. ¿Y cuándo es la entrevista?

▷ Pues el jueves a las 10 de la mañana en nuestras oficinas.

▶ ¿Por quién pregunto?

▷ Pregunte por el Sr. Palomar.

▶ Muy bien. El jueves a las 10 de la mañana y pregunto por el Sr. Palomar. De acuerdo. Muchas gracias.

▷ A usted. Adiós.

▶ Adiós.

Conversación número 2

▶ Hola, buenas tardes.

▷ Hola, buenas tardes.

▶ Soy la Sra. de Pablo. Tenía una cita con el Sr. Gil mañana por la tarde pero me es imposible asistir. Quería avisarles y ver si podemos quedar en otro momento.

▷ Un momento por favor que consulto su agenda. Vamos a ver, ¿usted puede el viernes a la misma hora?

▶ El viernes, sí, perfecto. Pues el viernes nos vemos. Muchas gracias.

▷ De nada. Adiós.

▶ Adiós.

Hombres de empresa

Conversación número 3

► Telefónica, Recursos Humanos, ¿dígame?

▷ Hola, buenos días. Llamaba para informarme del proceso de selección de "Oficial administrativo" que apareció publicado en el *ABC* el 7 de noviembre. Mandé el currículum hace 4 semanas y todavía no me han contestado.

► ¿Me puede decir la referencia, por favor?

▷ Sí, era la 123-C.

► Un momento, por favor.
Todavía no se ha respondido a las solicitudes enviadas. Se están revisando los currículos.

▷ Está bien, gracias.

► De nada. Adiós.

▷ Adiós.

Conversación número 4

► Diseño web, buenas tardes.

▷ Hola, buenas tardes. Soy Vanesa Fuentes y mantuve una entrevista con Vds. hace 10 días, el jueves 23. No he recibido todavía ninguna contestación y era para informarme.

► Sí, un momento. Me dice que es Vd. Vanesa Fuentes.

▷ Sí, eso es.

► Muy bien, pues estaba ahora mismo escribiéndole un correo electrónico emplazándole a una segunda fase de entrevistas.

▷ ¡Ah! Así que he superado la primera fase.

► Sí, quedan 3 candidatos y las entrevistas son el día 8, de 10 de la mañana a 1 de la tarde.

▷ Pues muchas gracias.

► De nada, a usted.

Para saludar

Para despedirse

Para aplazar una cita

Para agradecer la información o ayuda

Para preguntar por los detalles de una entrevista o cita

Para confirmar algún dato

Para identificarse una persona o una empresa

2.3. **Prepara con tu compañero una conversación telefónica sobre una de las siguientes situaciones:**
- preguntar por el resultado de una entrevista
- citar a un candidato
- cambiar una cita del día

2.4. **Delante de toda la clase, representad vuestra conversación telefónica.**

3. En la entrevista de trabajo

[29]

3.1. **Escucha la siguiente entrevista para Jefe de Departamento de Edición de la Editorial Edinumen y señala qué funciones realizaba la candidata en sus anteriores puestos de trabajo.**

☐ **a.** Realizaba las entrevistas de trabajo.

☐ **b.** Estaba en contacto con los proveedores.

☐ **c.** Llevaba la contabilidad de la empresa.

☐ **d.** Visitaba a los clientes más importantes.

☐ **e.** Pedía presupuestos a los proveedores.

☐ **f.** Supervisaba la calidad de los procesos de edición.

☐ **g.** Era la encargada del servicio de mantenimiento.

☐ **h.** Preparaba la campaña de lanzamiento del nuevo producto.

☐ **i.** Desarrollaba el plan de presentación a los medios de comunicación.

☐ **j.** Firmaba convenios de colaboración.

3.2. **Lee las respuestas A – I de la candidata en la página 156 y colócalas en el lugar adecuado.**

▶ Buenas tardes, Sra. Medina.

▷ **(1)** ....

▶ Siéntese, por favor.

▷ **(2)** ....

▶ Bien, en su currículum he visto que Ud. estuvo en el Servicio de Ediciones de la Universidad Castilla la Mancha.

▷ **(3)** ....

▶ ¿De qué se encargaba?

▷ **(4)** ....

▶ Sí, muy bien. En su currículum pone que fue jefa de prensa y comunicación.

▷ **(5)** ....

▶ ¿Me podría precisar cuáles eran sus funciones?

▷ **(6)** ....

▶ Muy bien, muy bien. Domina el inglés.

▷ **(7)** ....

▶ También habla el alemán.

▷ **(8)** ....

▶ Muy bien, Sra. Medina. Muchas gracias por su tiempo.

▷ **(9)** ....

Hombres de empresa

Respuestas

A – Pues, estaba en contacto con los diferentes proveedores, ya sabe, empresas de papel, imprentas, almacenaje, transporte... Tenía que pedir presupuestos, después los analizaba y encargaba el trabajo. También supervisaba la calidad de los procesos de edición.

B – Sí, entré a trabajar allí en septiembre de 1999.

C – Buenas tardes.

D – Sí, el año pasado empecé a estudiarlo en el Instituto Alemán. Hice el examen hace cinco semanas y ayer mismo me dieron el título.

F – Gracias.

E – Pues desarrollaba el plan de presentación a los medios de comunicación y prensa de los nuevos títulos que se publicaban, concertaba entrevistas con los autores de nuestros libros, buscaba quien nos pudiera reseñar las obras, me encargaba de remitir a las universidades e instituciones con las que teníamos convenio el material nuevo, también me encargaba de la firma de este tipo de convenios...

G – Sí, estuve hace 3 años en la universidad de Cambridge durante un período de dos años y colaboré con su editorial.

H – Sí, efectivamente. Desde mediados de enero del año pasado hasta abril de este año me ocupé del servicio de prensa y comunicación.

I – Muchas gracias a ustedes.

3.3. **Subraya en las respuestas de arriba las formas del imperfecto.**

Pretérito imperfecto

	Diseñar	Perder	Dirigir
él/ella/usted	Diseñ**aba**	Perd**ía**	Dirig**ía**

- Los verbos en –er y en –ir se conjugan igual.

3.4. **Completa la siguiente tabla con todas las personas del pretérito imperfecto.**

	Pedir			
Yo				
Tú		analizabas		
Él, ella, usted				
Nosotros, nosotras			estábamos	
Vosotros, vosotras				
Ellos, ellas, ustedes				supervisaban

		Buscar		
Yo			me encargaba	
Tú				
Él, ella, usted				
Nosotros, nosotras				teníamos
Vosotros, vosotras	concertaban			
Ellos, ellas, ustedes				

- El **indefinido** se usa para indicar hechos:

  En 1996 *trabajé* de jefe de personal.

- El **imperfecto** se usa para describir situaciones:

  ► ¿Y cuáles *eran* sus funciones?

  ▷ Pues, *tenía* que llevar las nóminas de toda la empresa, *entrevistaba* a los nuevos candidatos…

4. La vida profesional de mis compañeros

4.1. **Prepara preguntas para tus compañeros sobre los siguientes temas:**

- Trabajo actual.
- Puestos ocupados en anteriores trabajos.
- Funciones que realizaba.
- Periodos de tiempo o duración de los puestos.

4.2. **En la pizarra, escribid las preguntas que habéis formulado. Entre todos y con ayuda del profesor, las corregiréis.**

Hombres de empresa

4.3. Completa el cuadro, haciendo las preguntas que has preparado a cuatro compañeros.

Apellido/s ....

- **Trabajo actual** ....
  - Empresa / puesto ....
  - Funciones ....
  - Inicio ....
- **Trabajo 2** ....
  - Empresa / puesto ....
  - Funciones ....
  - Duración ....
- **Trabajo 3** ....
  - Empresa / puesto ....
  - Funciones ....
  - Duración ....

Apellido/s ....

- **Trabajo actual** ....
  - Empresa / puesto ....
  - Funciones ....
  - Inicio ....
- **Trabajo 2** ....
  - Empresa / puesto ....
  - Funciones ....
  - Duración ....
- **Trabajo 3** ....
  - Empresa / puesto ....
  - Funciones ....
  - Duración ....

Apellido/s ....

- **Trabajo actual** ....
  - Empresa / puesto ....
  - Funciones ....
  - Inicio ....
- **Trabajo 2** ....
  - Empresa / puesto ....
  - Funciones ....
  - Duración ....
- **Trabajo 3** ....
  - Empresa / puesto ....
  - Funciones ....
  - Duración ....

Apellido/s ....

- **Trabajo actual** ....
  - Empresa / puesto ....
  - Funciones ....
  - Inicio ....
- **Trabajo 2** ....
  - Empresa / puesto ....
  - Funciones ....
  - Duración ....
- **Trabajo 3** ....
  - Empresa / puesto ....
  - Funciones ....
  - Duración ....

4.4. Comenta a la clase el perfil profesional de un compañero sin decir el nombre. El resto de la clase tiene que averiguar de quién se trata.

5. Crecer profesionalmente: un cambio de empresa

5.1. Cómo debe actuar una persona que asume la dirección de un equipo de trabajo ya organizado? Marca cada criterio con una valoración de 1 (+ negativo) a 5 (+ positivo).

- ☐ Debe mostrarse inflexible con la aplicación de sus ideas.
- ☐ Debe diseñar un buen plan de trabajo.
- ☐ Debe demostrar confianza en su equipo.
- ☐ Debe dar ejemplo con su comportamiento.
- ☐ Debe compartir los méritos de los éxitos obtenidos con todo el equipo.
- ☐ Debe destruir la etapa anterior.
- ☐ No debe dejar de lado las tareas técnicas para cubrir sus objetivos.
- ☐ Debe estudiar a su equipo: quiénes son, qué objetivos tienen y cuáles han sido sus progresos.
- ☐ Debe imitar las actuaciones de su predecesor.
- ☐ Debe resolver desde el primer día los pequeños y los grandes problemas.
- ☐ No debe descuidar la red de contactos personales.
- ☐ Debe traerse a su equipo de confianza y deshacerse del equipo anterior.
- ☐ No debe dejar pasar el tiempo sin hacer notar su presencia.

5.2. Comenta tus puntos de vista con tus compañeros.

Ejemplo: En mi opinión, en una empresa que ya existe, el jefe nuevo lo primero que tiene que hacer es... En segundo lugar, tiene que... Por último, debe... Lo que nunca tiene que hacer es...

5.3. Escucha la tertulia radiofónica: Varios consultores expertos comentan con qué situaciones se puede encontrar el directivo que cambia de empresa y cuál debe ser su reacción.
Después completa con tu compañero la siguiente tabla.

[30]

Situación del anterior jefe	Reacción del nuevo jefe

Hombres de empresa

6. Un reto diferente: la empresa propia

6.1. **Roberto Alcalde es el presidente de** *Coronel Tapiocca*, **la mayor cadena española de tiendas de ropa y complementos de aventura. Relaciona las respuestas con las preguntas.**

PREGUNTAS

1. ¿Qué era lo que hacía antes de fundar la mayor cadena española de tiendas de ropa?

2. O sea, que no tenía mucho tiempo para su familia.

3. ¿Cómo empezó la idea de *Coronel Tapiocca*?

4. ¿Cuáles cree que fueron las claves de la gestión?

5. Respecto a la evolución en el crecimiento de su negocio, ¿qué nos puede comentar?

RESPUESTAS

a. Lo fundamental fue que un día llegó a mi mesa la oportunidad de mi vida. Un proyecto por el que merecía la pena dejarlo todo. La idea era crear una especie de supermercado de la aventura. A esto se unió el hecho de que según asumía puestos de mayor responsabilidad, crecía mi desinterés por el trabajo que realizaba.

b. Pues, aquí las cifras y el número de tiendas habla por sí solo. En 1989, año de nuestra apertura, teníamos 3 tiendas que en el 95 se multiplicaban por 27, es decir, en 1995 ya contábamos con 71 puestos de venta. Ahora, en el 2000, hay 167 tiendas repartidas por España y Europa. La cifra de negocio asciende hoy a algo más de 54 millones de euros.

c. Bueno, yo era un ejecutivo que me pasaba todo el día en el avión, el avión era mi casa y los hoteles mi hogar.

d. Yo, en su momento, ya apostaba por una doble vía: el servicio al cliente y un elevado grado de especialización. Y son todavía las claves de nuestro éxito. El mercado manda.

e. No, no mucho, la mayor parte del tiempo la dedicaba a la empresa.

1. ☐   **2.** ☐   **3.** ☐   **4.** ☐   **5.** ☐

6.2. **Subraya en el texto las siguientes expresiones y piensa en sus funciones:**

- O sea que
- Lo fundamental es que
- Respecto a
- Bueno
- Pues

6.3. **Escribe las expresiones anteriores debajo de su función:**

Para sacar conclusiones

....

....

Para destacar un hecho

....

....

Para hablar de un tema o aspecto concreto

....

....

Para tomarse tiempo al hablar

....

....

6.4. **¿Para qué sirven estas expresiones?**
Escríbelas en la tabla correspondiente del ejercicio anterior.

- Bien
- En cuanto a

- En conclusión
- Lo más importante es que

6.5. **Piensa en un reto que ha cambiado tu vida. Toma notas de la información principal y cuéntaselo a tus compañeros. Utiliza las expresiones de 6.3.**

....
....
....
....
....
....
....
....

8

7. Con nombre propio

7.1. **Elige un verbo para cada frase y colócalo en su forma del pasado adecuada (imperfecto o indefinido).**

existir	suministrar	ser	convertirse	trabajar
	conseguir	poner	llegar	

a. En el siglo XIX no .... los grandes almacenes ni las tiendas de moda.

b. Modistos y modistas .... por encargo en los diseños más modernos que .... de París.

c. Las mercerías .... la materia prima.

d. Felipe García-Quirós .... en marcha un nuevo negocio.

e. Ese pequeño negocio .... el germen de *Cortefiel*.

f. La empresa .... ser la primera multinacional española en la distribución.

g. Además, ... en un clásico en cuestiones de moda y de diseñadores españoles.

Hombres de empresa

7.2. **Lee el siguiente texto sobre cómo nacía** *Cortefiel* **a finales del siglo XIX.**

"En el siglo XIX no **existían** los grandes almacenes, ni siquiera las tiendas de moda. Modistas y modistos **trabajaban** por encargo en la realización de los diseños más modernos que **llegaban** a España procedentes de París. Para suministrar materia prima a los escasos creadores de aquella época **estaban** las mercerías, donde se **podía** encontrar de todo, desde un alfiler hasta un botón. Felipe García-Quirós puso en marcha, entonces, uno de esos establecimientos con intención de hacer negocio y… lo logró. Ese pequeño comercio fue el germen de Cortefiel, una empresa que ha conseguido ser la primera multinacional española en la distribución y, por su historia, un clásico en el desarrollo de la moda y los diseñadores españoles."

Texto adaptado de la revista Dinero,
"Historia empresarial de España. Siglo XX"

7.3. **Responde a las siguientes preguntas.**

> a. ¿Existían en el siglo XIX las tiendas de moda?
> b. ¿Qué hacían los modistos en aquella época?
> c. ¿Se diseñaba en España?
> d. ¿Cuál era una de las funciones de las mercerías?
> e. ¿Crees que hoy en día existen las mercerías?

7.4. **Aquí tienes otros datos de la historia de la misma empresa** *Cortefiel*. **Entre los datos anteriores y los siguientes, escribe un pequeño texto para la revista** *Hacer dinero*, **una revista sensacionalista dentro del mundo de la empresa que se hace eco de los grandes hombres y mujeres y las grandes ideas.**

- El secreto del éxito **[ser]** la continuidad.
- De 1968 a 1970 **[intentarse]** la expansión a EEUU sin mucho éxito.
- 1975: **[Adoptarse]** el nombre *Cortefiel* como denominación social.
- 1977: Gonzalo Hinojosa, **[convertirse]** en Consejero Delegado de la firma hasta la actualidad. **[Ser]** el impulsor del grupo desde entonces.
- 1985: La firma **[dar]** un giro a su política de expansión y **[fragmentarse]** la oferta del grupo por clases de tiendas. **[Nacer]** firmas como *Milano* (1984), *Springfield* (1988) y *Women Secret* (1993).
- 1990: **[Convertirse]** en socio del británico *Marks&Spencer*.
- 1993: Sus hijos **[decidir]** ampliar la actividad y **[abrir]** una fábrica de camisas en Madrid.
- Ese mismo año, se **[comenzar]** a explotar la marca *Cortefiel* para los trajes.
- 1995: Tras el éxito de la iniciativa de 1993, **[animarse]** a crear *Manufacturas del Vestido*, la primera empresa de sastrería que **[incorporar]** las técnicas de fabricación de EE.UU.
- 1997: **[Firmar]** una *joint venture* con la perfumería alemana *Douglas*.
- En la actualidad: tienen 96 tiendas propias en Europa y 329 en España.

8. Preposiciones

Completa con la preposición adecuada.

1. Necesita traer a la entrevista .... trabajo los certificados originales.

2. Llamo .... informarme de los resultados de la entrevista.

3. ¿ .... qué se encargó durante su trabajo en la editorial?

4. .... mediados del año pasado colaboró con la revista *Emprendedores.*

5. Las cifras hablan .... sí mismas: el crecimiento ha sido espectacular.

6. Tuve una época en la que no pude dedicar mucho tiempo .... mi familia. Pero ya pasó.

9. Escribe

Carta de presentación
Cuando se envía un *currículum vitae* a una empresa se acompaña de una breve carta de presentación, en la que se hace referencia a:

- la referencia al puesto de trabajo y tu interés por él
- tu interés por la empresa
- tus cualidades más destacadas
- tu disposición a entrevistarte

Escribe una carta de presentación para el currículum que habéis preparado en la actividad 1.4. de esta unidad. Aquí tienes un modelo.

Att. Jefe de Recursos Humanos

Estimado Sr.:
Me dirijo a usted con motivo de la oferta de trabajo con referencia 23B-67, aparecida en *El País* el pasado día 30 de enero.

Estoy muy interesado en integrarme en una empresa internacional, como es la suya, en continua expansión. Domino tres idiomas y puedo mantener una conversación sin problemas en otros dos. Como pueden ver en mi currículum y en la documentación adjunta, llevo seis años trabajando en el sector con notable éxito en el desempeño de mis labores. Pueden pedir referencias en las empresas en las que he trabajado.

Sin otro particular y a la espera de poder mantener una entrevista con Vds., reciban un cordial saludo,

10. Diferencias culturales

Horarios comerciales

10.1. Pregunta a tus compañeros por el horario comercial de países que conocen y completa los datos.

País	Días laborables y vísperas de festivo	Domingos y festivos

10.2. Observa la siguiente tabla con los horarios comerciales en algunos países de Europa y saca conclusiones.

País	Días laborables y vísperas de festivo	Domingos y festivos
Alemania	Libertad de apertura de 6.00 a 20.00 horas. De 6.00 a 20.00 en sábados y vísperas de festivos.	En contadas ocasiones, con muy pocas excepciones.
Bélgica	Libertad de apertura de 5.00 a 20.00 horas. Viernes hasta 21.00, sábados y vísperas cerrado.	En contadas ocasiones, con muy pocas excepciones.
España	Libertad hasta las 90 horas semanales.	En total al año, 9 festivos en 2001, 10 en 2002, 11 en 2003, 12 en 2004. En el 2005 se hace una nueva negociación.
Francia	Libertad de apertura sin restricciones.	Libertad para empresas unipersonales y posibilidad para el resto (si cierra otro día).
Grecia	Libertad de apertura con un máximo de 48 horas semanales. Cierre a las 20.00 horas, 21.00 en verano y hasta 18.00 en sábados y vísperas de festivos.	En contadas ocasiones, con muy pocas excepciones.
Holanda	Libertad de apertura de 6.00 a 22.00 horas.	12 domingos al año, de 6.00 a 19.00 horas, y festivos con excepciones.
Italia	Libertad de apertura de 7.00 a 22.00 horas, de lunes a sábado, con un máximo de 13 horas diarias. Un día a la semana cierre obligatorio a las 13.00 horas.	Libertad de apertura de 6.00 a 22.00 horas. 8 al año y todos los de diciembre.
Portugal	Libertad de apertura de 6.00 a 24 horas.	Libertad de apertura todos los domingos del año.
Reino Unido	Libertad de apertura y cierre de todos los comercios.	Libertad para el pequeño comercio. Posibilidades de apertura para la gran distribución.

10.3. Lee el siguiente texto. ¿Coincide con vuestras conclusiones?

Los horarios en Europa

El panorama que presenta la regulación de horarios comerciales en los distintos países de la Unión Europea es tan variopinto como su clima o su gastronomía. La normativa sobre los horarios comerciales en los países que, además de España, forman la U.E. presenta todas las variables posibles que se pueden dar en este tema. Las distintas legislaciones contemplan desde la plena o casi plena libertad y autorregulación por la competencia, como en los casos de Portugal o el Reino Unido, hasta el caso de Bélgica y Alemania, con un horario de apertura y cierre muy concreto y con contadas ocasiones de apertura en domingos y festivos.

Texto adaptado de Emprendedores

11. Lectura

11.1. ¿Cómo influyen estos factores a la hora de hacer la compra? Discútelo con tus compañeros.

colocación de los artículos		música	olores
colores	precios		comportamiento del vendedor

11.2. Lee el texto siguiente y compara con vuestras respuestas.

Los trucos que nos hacen comprar

La distribución de los productos en un moderno supermercado no tiene nada que ver con el azar ni con la comodidad del cliente. La colocación de artículos, el orden, la situación, todo está dispuesto para provocar estímulos de compra según los estudios cada vez más elaborados de "merchandising". Hay que saber que los clientes tienden hacia la derecha, por eso se colocan a ese lado las secciones y los productos con más alto margen de ganancia y se deja para la izquierda los productos más básicos.

La música identifica el país y el producto. Así, la venta de vinos franceses aumenta cuando suenan canciones de este país. También los olores influyen. Nada como el aroma a pan para animar a los indecisos y a los que no tenían necesidad de comprar este producto, aunque sólo sea para consumir en el momento de la compra.

Los colores producen "choques psicológicos" en el consumidor, que puede verse atraído en mayor o menor medida en función de las gamas que se utilicen. El color es fundamental en los envases de los productos y en la diferenciación de las secciones.

De esta forma, el amarillo es el mejor color para las novedades. El rojo y el verde sugieren solidez. La suma de rojo y azul cielo despierta ternura y deseo.

Sobre los números, hay que decir que las cifras acabadas en 5, 7 y 9 tienen más atracción sobre el cliente.

Por último, si necesita la ayuda de un vendedor, tenga cuidado con sus afirmaciones. Una técnica de persuasión es lograr que el cliente diga sí varias veces. Después es más difícil decir que no.

Texto adaptado de Blanco y Negro

Hombres de empresa

Tarea final

Una empresa con historia...

 1. Entre todos, escribid en la pizarra nombres de empresas que conocéis dentro de los países de habla hispana.

 2. En grupos de tres, escoged una empresa sobre cuya historia os gustaría obtener más información.

 3. Preparad una entrevista ficticia al director de la empresa. Buscad información que os pueda ser útil para preparar la entrevista. Podéis buscar en internet, en la prensa, etc.

 4. La entrevista puede ser en directo (radio) o puede estar preparada para un artículo de prensa. Tenéis que pensar qué orientación le queréis dar (más sensacionalista, centrándoos en un aspecto concreto de su vida profesional, etc.) y quién es vuestro público destinatario (los directivos, los nuevos empresarios, la prensa en general, etc.).

En función de vuestro objetivo final, preparad las preguntas que queréis hacer:

- cuántas lenguas habla y si le han resultado útiles
- qué pensó la primera vez que...
- cuál fue su mejor reunión
- cómo preparaba sus primeras reuniones, cómo las prepara ahora
- etc.

 5. Exponed a la clase el resultado de vuestro trabajo. Podéis hacerlo con fotocopias, haciendo una representación de la entrevista, grabando la entrevista en una cinta, etc.

HISPANOAMÉRICA

1 El Sr. Rodrigo Dos Santos está leyendo un informe de la Cámara de Comercio argentino-mexicana, pero en las tablas falta parte de la información.
Trabajad por parejas.
Pregunta a tu compañero, él tiene parte de los datos que tú necesitas. Entre los dos tendréis toda la información.

8

Alumno A

Recuerda:
- ¿Cuánto era el producto interior bruto en 1995/ la tasa de...?
- ¿A cuánto estaba el peso en 1997?
- ¿A cuánto ascendía...?
- ¿Cuál era el porcentaje de...?

	Argentina	México
Producto Bruto Interno* (1995)	270.8	249.9
Prod. Bruto Interno per cápita* (1995)		2,738
Crecimiento Producto Bruto Interno (%)	8.0 (est 1997)	7.0 (ene-jun 1997)
Inflación (%)		15.72 (ene-dic 1997)
Tasa de desempleo (1994) (%)	12	9.8
Tasa de interés (30 días) (%)	8.02 (abr 1997)	18.75 (dic 1997)
Tipo de cambio (pesos por US dólar)		8.58 (feb 1998)
Déficit público (% del PBI)	1.4 (1997)	–0.5 (jul 1997)
Deuda pública externa*		88,321 (dic 1997)
Inversión extranjera* (1996)	n.d.	22,322
Inversión extranjera directa	6,500	8,168
Balanza comercial* (1996)		6,530
Exportaciones* (1996)	23,811	96,003
Principales productos	Carne, trigo, maíz, aceites vegetales, manufacturas	Petróleo y sus derivados, café, plata, motores para automóviles, productos electrónicos, automóviles.
Socios comerciales (%)	Aladi 46.6 Brasil 27.8 Unión Europea 19.2 E.U.A. 8.3	E.U.A. 83.9 Unión Europea 3.7 Aladi 3.6 Japón 1.5
Importaciones* (1996)		89,469
Principales productos	Maquinaria y equipo, productos químicos, derivados del petróleo, productos agrícolas, metales.	Maquinaria industrial y agrícola, productos de acero, equipo eléctrico, autopartes y accesorios para automóviles.
Socios comerciales (%)	Aladi 30.9 Unión Europea 29.0 Brasil 22.4 E.U.A. 18.8	E.U.A. 75.5 Unión Europea 8.7 Japón 4.6 Aladi 2.0
Principales actividades industriales	Procesamiento de alimentos, automóviles, textiles, productos químicos y petroquímicos, imprenta, metalurgia, acero	Alimentos y bebidas, tabaco, productos químicos, hierro y acero, petróleo, minería, textiles, calzado y vestido, automóviles, turismo, productos eléctricos y electrónicos.

*/ Cifras en millones de dólares
n.d. No disponible

http://www.ccam.org.ar/economi.html

Hombres de empresa

Alumno B

Recuerda:

- ¿Cuánto era el producto interior bruto en 1995/ la tasa de...?
- ¿A cuánto estaba el peso en 1997?
- ¿A cuánto ascendía...?
- ¿Cuál era el porcentaje de...?

	Argentina	México
Producto Bruto Interno* (1995)	270.8	
Prod. Bruto Interno per cápita* (1995)	7,990	2,738
Crecimiento Producto Bruto Interno (%)	8.0 (est 1997)	
Inflación (%)	−0,09 (oct 1996-1997)	15.72 (ene-dic 1997)
Tasa de desempleo (1994) (%)	12	9.8
Tasa de interés (30 días) (%)	8.02 (abr 1997)	
Tipo de cambio (pesos por US dólar)	1.005 (dic 1997)	8.58 (feb 1998)
Déficit público (% del PBI)	1.4 (1997)	
Deuda pública externa*	74,688 (mar 1997)	88,321 (dic 1997)
Inversión extranjera* (1996)	n.d.	22,322
Inversión extranjera directa	6,500	
Balanza comercial* (1996)	1,621	6,530
Exportaciones* (1996)	23,811	
Principales productos	Carne, trigo, maíz, aceites vegetales, manufacturas.	Petróleo y sus derivados, café, plata, motores para automóviles, productos electrónicos, automóviles.
Socios comerciales (%)	Aladi 46.6 Brasil 27.8 Unión Europea 19.2 E.U.A. 8.3	E.U.A. 83.9 Unión Europea 3.7 Aladi 3.6 Japón 1.5
Importaciones* (1996)		89,469
Principales productos	Maquinaria y equipo, productos químicos, derivados del petróleo, productos agrícolas, metales.	Maquinaria industrial y agrícola, productos de acero, equipo eléctrico, autopartes y accesorios para automóviles.
Socios comerciales (%)	Aladi 30.9 Unión Europea 29.0 Brasil 22.4 E.U.A. 18.8	E.U.A. 75.5 Unión Europea 8.7 Japón 4.6 Aladi 2.0
Principales actividades industriales	Procesamiento de alimentos, automóviles, textiles, productos químicos y petroquímicos, imprenta, metalurgia, acero.	Alimentos y bebidas, tabaco, productos químicos, hierro y acero, petróleo, minería, textiles, calzado y vestido, automóviles, turismo, productos eléctricos y electrónicos.

*/ Cifras en millones de dólares
n.d. No disponible

http://www.ccam.org.ar/economi.html

2 ¿Recuerdas este anuncio publicado en un periódico de Buenos Aires? (Unidad 3) También apareció en el periódico mexicano *Expansión* y en el español *ABC*.

8

Importante empresa brasileña
dedicada a la formación de ejecutivos busca:

Gerente

- Preferiblemente porteño.
- Con capacidad para desarrollar proyectos y realizar tareas de atención a clientes.
- Con experiencia en coordinación de eventos.
- Con excelente manejo de las relaciones interpersonales.
- Muy buenos conocimientos de portugués y castellano y de computación.

Enviar CV y foto urgente, sin omitir remuneración pretendida a:
Plaça Pio X, nº 5 Centro. Río de Janeiro. RJ/CEP 20040-020

Rodrigo Dos Santos ha mantenido varias entrevistas profesionales con candidatos por teléfono.

[31]

Escucha algunos fragmentos.
Identifica el país de origen de los candidatos.

Conversación con candidato A
País ....

Conversación con candidato B
País ....

Conversación con candidato C
País ....

Inhalt

Kurzgrammatik

Kurzgrammatik

Alphabet

A	a	(a)	N	n	(ene)
B	b	(be)	Ñ	ñ	(eñe)
C	c	(ce)	O	o	(o)
D	d	(de)	P	p	(pe)
E	e	(e)	Q	q	(cu)
F	f	(efe)	R	r	(erre)
G	g	(ge)	S	s	(ese)
H	h	(hache)	T	t	(te)
I	i	(i)	U	u	(u)
J	j	(jota)	V	v	(uve)
K	k	(ka)	W	w	(uve doble)
L	l	(ele)	X	x	(equis)
LL	ll	(elle)	Y	y	(i griega)
M	m	(eme)	Z	z	(zeta)

Ignacio Carro Losantos.
i. ge. ene. a. ce. i. o.
ce.a.erre.erre.o.
ele.o.ese.a ene.te.
o.ese. Unidad 1.

Zahlen

Grundzahlen

0	cero	10	diez	20	veinte
1	uno	11	once	21	veintiuno
2	dos	12	doce	22	veintidós
3	tres	13	trece	30	treinta
4	cuatro	14	catorce	31	treinta y uno
5	cinco	15	quince	40	cuarenta
6	seis	16	dieciséis	50	cincuenta
7	siete	17	diecisiete	60	sesenta
8	ocho	18	dieciocho	70	setenta
9	nueve	19	diecinueve	80	ochenta
				90	noventa

100	cien	1000	mil
101	ciento uno	2000	dos mil
200	doscientos/-as	10 000	diez mil
300	trescientos/-as	100 000	cien mil
400	cuatrocientos/-as	1 000 000	un millón
500	quinientos/-as	10 000 000	diez millones
600	seiscientos/-as	1 000 000 000	mil millones
700	setecientos/-as	1 000 000 000 000	un billón
800	ochocientos/-as		
900	novecientos/-as		

Die Zahlen veintiuno bis veintinueve werden jeweils zusammengeschrieben.
Von treinta y uno bis noventa y nueve wird getrennt geschrieben und mit der Konjunktion **y** verbunden.

*José Martínez dedica al trabajo los **trescientos sesenta y cinco** días del año.* Unidad 3.

Zahlen

Ordnungszahlen

1°	primero	1ª	primera
2°	segundo	2ª	segunda
3°	tercero	3ª	tercera
4°	cuarto	4ª	cuarta
5°	quinto	5ª	quinta
6°	sexto	6ª	sexta
7°	séptimo	7ª	séptima
8°	octavo	8ª	octava
9°	noveno	9ª	novena
10°	décimo	10ª	décima

Primero und **tercero** verlieren vor einem maskulinen Substantiv in der Einzahl die Endung **-o / -a.**
*Ahora estoy en el **primer** piso.* Unidad 2.
*La consultoría está en el **tercer** piso.* Unidad 2.

Artikel

Der bestimmte Artikel

Maskulin Singular: **el**
Maskulin Plural: **los**
Feminin Singular: **la**
Feminin Plural: **las**

***El** despacho está en **la** plaza Cataluña.* Unidad 2.
***La** sala de vídeo-conferencias está entre **las** salas de reuniones.* Unidad 2.
*El ordenador Psion 3A- X tiene programas para conocer **los** horarios de salida de **los** vuelos.* Unidad 2.

Verbindungen

a + el = **al**
de + el = **del**

*Está **al** lado de la biblioteca.* Unidad 2.
*El despacho **del** director general.* Unidad 2.

Artikel

Der unbestimmte Artikel

Maskulin Singular: **un**
Maskulin Plural: **unos**
Feminin Singular: **una**
Feminin Plural: **unas**

*La consultoría está en **un** edificio antiguo.* Unidad 2.
*Hay **unas** carpetas debajo del archivador.* Unidad 2.

Substantive

Maskulin
- Substantive auf **–o** sind in der Regel maskulin

El trabajo. Unidad 1.

Feminin
- Substantive auf **–a** sind in der Regel feminin

La plaza. Unidad 2.

Maskulin oder feminin
- Substantive auf **–ista**

El periodista (wenn man von einem Mann spricht) Unidad 1.
La recepcionista (wenn man von einer Frau spricht) Unidad 1.

Substantive: Feminine Substantive

- Substantive auf **–o** bekommen die Endung **–a**
- Substantive auf Konsonant bekommen die Endung **–a**

> *abogado, abogada.* Unidad 1.
> *profesor, profesora.* Unidad 1.

Kurz-grammatik

Substantive: Pluralbildung

- Substantive auf Vokal bekommen die Endung **–s**
- Substantive auf Konsonant bekommen die Endung **–es**
- Substantive auf **–z** bekommen die Endung **–ces**

> *nombres.* Unidad 1.
> *archivadores.* Unidad 2.
> *lápiz, lápices.* Unidad 2.

Personalpronomen

Subjektpronomen

yo	(1.Person Singular)
tú	(2.Person Singular)
él	(3.Person maskulin Singular)
ella	(3.Person feminin Singular)
usted	(3.Person Singular Höflichkeitsform)
nosotros	(1.Person maskulin Plural)
nosotras	(1.Person feminin Plural)
vosotros	(2.Person maskulin Plural)
vosotras	(2.Person feminin Plural)
ellos	(3.Person maskulin Plural)
ellas	(3.Person feminin Plural)
ustedes	(3.Person Plural Höflichkeitsform)

> **Yo** *soy médico.* Unidad 1.
> **Ella** *es la señora de Rodríguez.* Unidad 1.

ser

Indikativ Präsens

Yo	soy
Tú	eres
Él, ella, usted	es
Nosotros/-as	somos
Vosotros/-as	sois
Ellos,ellas,ustedes	son

Gebrauch:
- Angabe der Nationalität: **Es** *español.* / **Es** *de Madrid.* Unidad 1.
- Angabe des Berufes: *Ellos* **son** *los arquitectos de la "Casa Giralda".* Unidad 1.
- Angabe der Eigenschaften einer Person: *Mi jefa* **es** *una mujer sensible y formal.* Unidad 3.
- Angabe von Uhrzeiten, Tagen, Jahreszeiten, Jahren: **Son** *las once menos veinte.* Unidad 4. *Hoy* **es** *jueves.* Unidad 4.
- Angabe der Beschaffenheit und der Farbe: *El mejor color para las novedades* **es** *el amarillo.* Unidad 8.

estar

Indikativ Präsens

Yo	estoy
Tú	estás
Él, ella, usted	está
Nosotros/-as	estamos
Vosotros/-as	estáis
Ellos,ellas,ustedes	están

Gebrauch

- Angabe des Ortes: *Construluz **está** en la avenida de la Constitución.* Unidad 2.
- Angabe des Gesundheitszustandes oder des Gemütszustandes: *Él **está** descontento con su sueldo.* Unidad 3.
- Frage nach dem Datum oder nach dem Wochentag: *¿A cuántos **estamos** (hoy)?* Unidad 4.

hay # está/están

Hay + un...
Hay + una...
Hay + unos...
Hay + unas...

__Hay__ un ordenador encima de la mesa. Unidad 2.
*Los disquetes **están** a la derecha del ordenador.* Unidad 2.

El + Substantiv maskulin Singular + **está**
La + Substantiv feminin Singular + **está**

Los + Substantiv maskulin Plural + **están**
Las + Substantiv feminin Plural + **están**

Verlaufsform Präsens

Die Verlaufsform wird mit dem Verb **estar + Gerundium** gebildet.

	-AR	-ER	-IR
	hablar	**comer**	**vivir**
Yo	estoy habl**ando**	estoy com**iendo**	estoy viv**iendo**
Tú	estás habl**ando**	estás com**iendo**	estás viv**iendo**
Él, ella, usted	está habl**ando**	está com**iendo**	está viv**iendo**
Nosotros/-as	estamos habl**ando**	estamos com**iendo**	estamos viv**iendo**
Vosotros/-as	estáis habl**ando**	estáis com**iendo**	estáis viv**iendo**
Ellos, ellas, ustedes	están habl**ando**	están com**iendo**	están viv**iendo**

Unregelmäßige Gerundien:
decir { **diciendo**
dormir { **durmiendo**
ir { **yendo**
leer { **leyendo**
oír { **oyendo**
poder { **pudiendo**
preferir { **prefiriendo** Entsprechend: **referirse, invertir, etc.**
repetir { **repitiendo.** Entsprechend: **elegir, conseguir, pedir, etc.**
venir { **viniendo**

Gebrauch:
- Bei Handlungen, die gerade stattfinden.

*El Corte Inglés **está potenciando** sus agencias de viaje.* Unidad 3.

Fragewörter

Fragepronomen beziehen sich auf:

die Art und Weise:	*¿**Cómo** se dice" Italian" en español?* Unidad 1.
Personen oder Dinge:	*¿**Cuál** es el número de teléfono de información?* Unidad 1.
den Grund:	*¿**Por qué** Ana Pérez es la señora de Rodríguez?* Unidad 1.
Objekte:	*¿**Qué** hay encima de la mesa?* Unidad 2.
den Ort:	*¿**Dónde** está su empresa?* Unidad 2.
die Menge:	*¿**Cuánto** ganan los españoles?* Unidad 3.
die Personen:	*¿**Quién** es el responsable del departamento?* Unidad 4.
die Zeit:	*¿**Cuándo** aceleró Jazztel el despliegue de su red?* Unidad 7.

Ortsangaben

- Adverbien des Ortes: **aquí, ahí, allí.**
- Einfache Präpositionen: **en, entre.**
- Zusammengesetzte Präpositionen: **al final de, debajo de, delante de, dentro de, detrás de, encima de, enfrente de, fuera de, junto a, a la derecha de, a la izquierda de.**

- ***Aquí** en la plaza del Mercado está también la Iglesia de los Santos Juanes.* Unidad 2.
- *El departamento de I + D está **entre** los lavabos y el departamento de finanzas.* Unidad 2.
- *La sala de reuniones está **enfrente de** la recepción.* Unidad 2.

Angabe der Nähe und der Entfernung

- Zusammengesetzte Präpositionen: **cerca de, lejos de, al lado de.**

*Estamos **cerca de** las Torres de Serranos.* Unidad 2.

Angabe der Häufigkeit

- Adverbien der Zeit: **siempre, nunca, jamás.**
- Adverbiale Bestimmungen: **a veces, a menudo, de vez en cuando, una vez** (a la semana, al año,...) etc.

***Siempre** escucha con atención a sus compañeros.* Unidad 3.

Angabe der Vorzeitigkeit und der Nachzeitigkeit

- Zusammengesetzte Präpositionen: **antes de, después de.**
- Adverbien und adverbiale Bestimmungen der Zeit: **primero, después, luego, seguidamente, un poco más tarde, a continuación, por último,** etc.

***Primero** abre el correo electrónico.* Unidad 3.

Angabe der Uhrzeit und des Datums

> Los bancos abren **a las ocho y media** de la mañana. Unidad 4.
> ¿Qué haces **el jueves**? Unidad 4.

Demonstrativpronomen

Die Demonstrativpronomen beziehen sich auf das jeweils folgende Substantiv. Sie stimmen mit dem Substantiv in Geschlecht und Zahl überein.
Der Anfangsbuchstabe trägt keinen Akzent, wenn das Demonstrativpronomen vor einem Substantiv steht.

Maskulin Singular: **este, ese, aquel.**
Feminin Singular: **esta, esa, aquella.**
Maskulin Plural: **estos, esos, aquellos.**
Feminin Plural: **estas, esas, aquellas.**

> **Este** hotel es perfecto, es precioso... Unidad 5.
> **Esta** cadena de hoteles está en todas partes. Unidad 5.

Demonstrativpronomen tragen, wenn sie allein stehen, einen Akzent.

Maskulin Singular: **éste, ése, aquél.**
Feminin Singular: **ésta, ésa, aquélla.**
Maskulin Plural: **éstos, ésos, aquéllos.**
Feminin Plural: **éstas, ésas, aquéllas.**

> Yo creo que este hotel es más barato que **ése**. Unidad 5.

Neutrale Formen sind: **esto, eso, aquello.**

Possessivpronomen

Singular: **mi, tu, su, nuestro, vuestro, su.**
Plural: **mis, tus, sus, nuestros/-as, vuestros/-as, sus.**

> **Mi** empresa está en el edificio la Pedrera. Unidad 2.
> El despacho de **nuestro** abogado está en la Plaza Cataluña. Unidad 2.

Adjektiv

Das Adjektiv richtet sich in Geschlecht und Zahl nach dem Substantiv und steht meist hinter dem Substantiv.

Feminine Formen:
- Adjektive, die auf **–o** enden, erhalten für die feminine Form die Endung **–a.**
- Einige Adjektive, die auf Konsonant enden, erhalten für die feminine Form ein **–a.**
- Viele Adjektive sind unveränderlich.

> Mario es un hombre **reflexivo**. Unidad 3.
> Es una mujer muy **trabajadora**. Unidad 3.
> Ricardo es **responsable**. Unidad 3.
> Mi jefa es **sensible** y **formal**. Unidad 3.

Pluralformen:

- Adjektive, die im Singular auf unbetonten Vokal enden, erhalten die Endung **–s.**
- Adjektive, die auf betonten Vokal oder Konsonant enden, erhalten die Endung **–es.**

> *Los Paradores Nacionales están muy bien **equipados**.* Unidad 5.
> *Los ingleses son muy **internacionales**.* Unidad 4.

Die verkürzte Form des Adjektivs

- Einige Adjektive werden vor einem maskulinen Substantiv im Singular verkürzt. Das **-o** entfällt bei: **bueno, malo, primero, tercero, uno, alguno, ninguno.**
- **Grande** wird vor einem Substantiv im Singular zu **gran** verkürzt.

> *¿Tienes **algún** mensaje para la habitación 205?* Unidad 5.
> *El puesto requiere una **gran** experiencia.* Unidad 3.

Komparativ

- Überlegenheit: **más... que**
- Unterlegenheit: **menos... que**
- Gleichheit: **tan** + Adjektiv + **como**
  tanto, –a, –os, –as + Substantiv + **como**

> *El hotel Princesa Sofía está **más** cerca **que** el hotel Hilton.* Unidad 5.
> *El hotel Rius es **menos** ruidoso que el hotel Jota.* Unidad 5.
> *Los hoteles de Madrid son **tan** caros **como** los hoteles de Barcelona.* Unidad 5.

muy # mucho

muy + Adjektiv
muy + Adverb

> *Los Paradores Nacionales tienen **muchos** salones **muy** grandes y **muy** bien equipados.* Unidad 5.

mucho, –a, –os, –as + Substantiv
Verb + **mucho**

Präsens Indikativ

Regelmäßige Verben

Die Verben werden je nach Infinitivendung in drei Gruppen eingeteilt: **-ar, -er, -ir.**

	-AR	-ER	-IR
	hablar	**comer**	**vivir**
Yo	habl**o**	com**o**	viv**o**
Tú	habl**as**	com**es**	viv**es**
Él, ella, usted	habl**a**	com**e**	viv**e**
Nosotros/-as	habl**amos**	com**emos**	viv**imos**
Vosotros/-as	habl**áis**	com**éis**	viv**ís**
Ellos, ellas, ustedes	habl**an**	com**en**	viv**en**

Unregelmäßige Verben

Einige Verben sind in der ersten Person Präsens Indikativ unregelmäßig, z.B. *dar, decir, caber, caer, decir, hacer, ir, oír, poder, poner, querer, saber, salir, ser, tener, traer, venir, ver* y *valer*. (siehe auch die Verbtabelle S. 188)

Das Verb *suponer* wird wie *poner* konjugiert.

Gruppenverben

Einige Verben werden im Indikativ Präsens unregelmäßig konjugiert. Man kann sie in folgende Gruppen einteilen:

1. *cerrar (ie): cierro, cierras, cierra,* cerramos, cerráis, *cierran.*
   Entsprechend: *empezar, pensar, recomendar,* etc.

2. *recordar (ue): recuerdo, recuerdas, recuerda,* recordamos, recordáis, *recuerdan.*
   Entsprechend: *almorzar, costar, contar,* etc.

3. *preferir (ie): prefiero, prefieres, prefiere,* preferimos, preferís, *prefieren.*
   Entsprechend: *referirse, invertir, requerir,* etc.

4. *repetir (i): repito, repites, repite,* repetimos, repetís, *repiten.*
   Entsprechend: *elegir, conseguir, pedir, seguir,* etc.

5. *conocer (zc): conozco,* conoces, conoce, conocemos, conocéis, conocen.
   Entsprechend: *desconocer, ofrecer, crecer,* etc.

6. *distribuir (y): distribuyo, distribuyes, distribuye,* distribuimos, distribuís, *distribuyen.*
   Entsprechend: *intuir, destruir, construir,* etc.
   (siehe Verbtabelle S. 191)

Gebrauch

Der Indikativ Präsens drückt Handlungen in der Gegenwart aus oder bezieht sich auf allgemein gültige Aussagen.

> Mi jefa **trabaja** todo el día, **habla** con los empleados, **come** con sus colaboradores, etc. Unidad 3.
> **Desconozco** muchas funciones del ordenador. Unidad 6.

Reflexive Verben

Yo	**me**	llamo
Tú	**te**	llamas
Él, ella, usted	**se**	llama
Nosotros/-as	**nos**	llamamos
Vosotros/-as	**os**	llamáis
Ellos,ellas,ustedes	**se**	llaman

> ¿Cómo **te llamas?** Unidad 1.
> **Me llamo** Ignacio Carro Losantos. Unidad 1.
> **Me reúno** pasado mañana con el señor Garzón. Unidad 4.

gustar

Indikativ Präsens

A mí	me	gusta(n)
A ti	te	gusta(n)
A él, ella, usted	le	gusta(n)
A nosotros/-as	nos	gusta(n)
A vosotros/-as	os	gusta(n)
A ellos, ellas, ustedes	les	gusta(n)

Dativpronomen + **gusta** + Verb im Infinitiv
Dativpronomen + **gusta** + Substantiv im Singular
Dativpronomen + **gustan** + Substantiv im Plural

Me **gusta** jugar al tenis.

Le **gustan** los hoteles confortables.

Entsprechend: **parecer, encantar, fascinar, ir bien/mal, caer bien/mal, doler, hacer falta, sorprender, etc.**

► ¿**Te gusta** ver la TV?
▷ Sí, **me gusta** mucho. Unidad 5.

A los ejecutivos franceses **les gusta** hacer turismo. Unidad 5.
A mí me parece que mostrarse distante puede mantenernos en una posición de autoridad. Unidad 6.

también # tampoco

También wird bei Zustimmung benutzt.

Tampoco wird bei Ablehnung benutzt.

► Me gusta mucho ver la televisión por la noche.
▷ A mí **también**. Unidad 5.

► No me gusta cuidar el jardín.
▷ A mí **tampoco**. Unidad 5.

Unregelmäßige Verben
tener / tener que
Indikativ Präsens

Yo	**tengo**
Tú	**tienes**
Él, ella, usted	**tiene**
Nosotros/-as	tenemos
Vosotros/-as	tenéis
Ellos,ellas,ustedes	**tienen**

Tiene gran experiencia. Unidad 3.
Sólo **tiene** tiempo para el trabajo. Unidad 3.
¿A quién **tengo que** enviar el paquete? Unidad 4.

hacer

Indikativ Präsens

Yo	**hago**
Tú	haces
Él, ella, usted	hace
Nosotros/-as	hacemos
Vosotros/-as	hacéis
Ellos, ellas, ustedes	hacen

> ¿Qué **hace** usted el jueves? Unidad 4.
> **Hago** gimnasia. Unidad 5.

querer

Indikativ Präsens

Yo	**quiero**
Tú	**quieres**
Él, ella, usted	**quiere**
Nosotros/-as	queremos
Vosotros/-as	queréis
Ellos, ellas, ustedes	**quieren**

> Querer gehört im Präsens Indikativ zu derselben Gruppe wie **cerrar**.
>
> **Quieren** concertar una cita. Unidad 2.
> **Quiere** cambiar dinero. Unidad 5.

poder

Indikativ Präsens

Yo	**puedo**
Tú	**puedes**
Él, ella, usted	**puede**
Nosotros/-as	podemos
Vosotros/-as	podéis
Ellos, ellas, ustedes	**pueden**

> Poder gehört im Präsens Indikativ zu derselben Gruppe wie **recordar**.
>
> ¿**Puede** decirme dónde está la sala de reuniones? Unidad 5.

Gruppenverben
Verben der Gruppe E > IE
CERRAR (IE)

Indikativ Präsens

Yo	**cierro**
Tú	**cierras**
Él, ella, usted	**cierra**
Nosotros-/as	cerramos
Vosotros/-as	cerráis
Ellos, ellas, ustedes	**cierran**

> Wie **cerrar** werden die Verben **empezar, pensar, recomendar** etc. konjugiert.
>
> Correos **cierra** a mediodía. Unidad 4.
> ¿A qué hora **empiezas** a trabajar? Unidad 4.
> "Lo primero es lo primero" **piensa** Jorge Martínez. Unidad 3.
> Los monumentos que **recomiendo** visitar son... Unidad 5.

Verben der Gruppe E > IE
PREFERIR (IE)

Indikativ Präsens

Yo	**prefiero**
Tú	**prefieres**
Él, ella, usted	**prefiere**
Nosotros/-as	preferimos
Vosotros/-as	preferís
Ellos, ellas, ustedes	**prefieren**

Wie **preferir** werden die Verben **requerir, referirse, invertir** etc. konjugiert.

Para realizar negocios los ejecutivos españoles **prefieren** *Francia y Gran Bretaña.* Unidad 4.
El puesto **requiere** *experiencia.* Unidad 3.
¿Te **refieres** *al artículo del periódico?* Unidad 6.
También **invierto** *lo que gano.* Unidad 6.

Verben der Gruppe E > I
REPETIR (I)

Indikativ Präsens

Yo	**repito**
Tú	**repites**
Él, ella, usted	**repite**
Nosotros/-as	repetimos
Vosotros/-as	repetís
Ellos, ellas, ustedes	**repiten**

Wie **repetir** werden die Verben **elegir, conseguir, pedir, seguir** etc. konjugiert.

Jorge Martínez **repite** *a su familia, a sus amigos y a él mismo que "lo primero es lo primero".* Unidad 3.
Los turistas que **eligen** *visitar España realizan un gasto medio de 322 euros.* Unidad 5.
Consigue *el ascenso.* Unidad 6.

Verben der Gruppe C > ZC
CONOCER (ZC)

Indikativ Präsens

Yo	**conozco**
Tú	conoces
Él, ella, usted	conoce
Nosotros/-as	conocemos
Vosotros/-as	conocéis
Ellos, ellas, ustedes	conocen

Wie **conocer** werden die Verben **desconocer, ofrecer, crecer** etc. konjugiert.

Conozco *a muchos empresarios que han fracasado.* Unidad 6.
Desconozco *algunos programas de ordenador.* Unidad 6.

Verben der Gruppe O > UE
RECORDAR (UE)

Indikativ Präsens

Yo	**recuerdo**
Tú	**recuerdas**
Él, ella, usted	**recuerda**
Nosotros/-as	recordamos
Vosotros/-as	recordáis
Ellos, ellas, ustedes	**recuerdan**

Wie **recordar** werden die Verben **almorzar, costar, contar, probar** etc. konjugiert.

*¿***Recuerdas** *que mi apellido se escribe con zeta?* Unidad 4.
Él **almuerza** *con la señora Fuentes.* Unidad 4.
¿Cuánto **cuesta** *una sesión?* Unidad 4.

Verben der Gruppe I > Y
DISTRIBUIR (Y)

Indikativ Präsens

Yo	**distribuyo**
Tú	**distribuyes**
Él, ella, usted	**distribuye**
Nosotros/-as	distribuimos
Vosotros/-as	distribuís
Ellos, ellas, ustedes	**distribuyen**

> Wie **distribuir** werden die Verben **intuir, destruir, construir** etc. konjugiert. (Alle Verben enden auf *uir*)

Imperativ

Regelmäßige Verben

	-AR	-ER	-IR
	hablar	**comer**	**vivir**
Tú	habl**a**	com**e**	viv**e**
Usted	habl**e**	com**a**	viv**a**

Unregelmäßige Verben

decir { **di, diga**   *salir* { **sal, salga**
hacer { **haz, haga**   *ser* { **sé, sea**
ir { **ve, vaya**   *tener* { **ten, tenga**
poner { **pon, ponga**   *venir* { **ven, venga**
(siehe Verbtabelle S. 188)

Gruppenverben

cerrar { **cierra, cierre.** Entsprechend: **empezar, pensar, recomendar,** etc.
recordar { **recuerda, recuerde.** Entsprechend: **almorzar, costar, contar,** etc.
preferir { **prefiere, prefiera.** Entsprechend: **referirse, invertir, requerir,** etc.
repetir { **repite, repita.** Entsprechend: **elegir, conseguir, pedir, seguir,** etc.
conocer { **conoce, conozca.** Entsprechend: **desconocer, ofrecer, crecer,** etc.
distribuir { **distribuye, distribuya.** Entsprechend: **intuir, destruir, construir,** etc.
(siehe Verbtabelle S. 191)

Gebrauch

Der Imperativ wird bei Ratschlägen, Anweisungen, Bitten und Befehlen verwendet.
Pronomen werden an den bejahten Imperativ angehängt.

> **Pase, pase.** Unidad 5.
> **Dígame.** Unidad 5.
> **Siéntese,** por favor. Unidad 5.
> **Fíjate** en el éxito obtenido por Juan Quesada. Unidad 6.

Perfekt (Préterito Perfecto)

Das Perfekt wird mit den Formen von **haber** und dem **Partizip** gebildet.

Regelmäßige Verben

	-AR	**-ER**	**-IR**
	hablar	**comer**	**vivir**
Yo	he habl**ado**	he com**ido**	he viv**ido**
Tú	has habl**ado**	has com**ido**	has viv**ido**
Él, ella, usted	ha habl**ado**	ha com**ido**	ha viv**ido**
Nosotros/-as	hemos habl**ado**	hemos com**ido**	hemos viv**ido**
Vosotros-/as	habéis habl**ado**	habéis com**ido**	habéis viv**ido**
Ellos, ellas, ustedes	han habl**ado**	han com**ido**	han viv**ido**

Unregelmäßige Verben

abrir { **abierto**   poner { **puesto**
decir { **dicho**   romper { **roto**
escribir { **escrito**   ver { **visto**
hacer { **hecho**   volver { **vuelto**

Gebrauch

Mit dem Perfekt wird einen Zeitspanne, die von einem Punkt der Vergangenheit bis in die Gegenwart reicht, ausgedrückt.

Das Perfekt wird oft mit Zeitangaben benutzt wie: esta mañana, esta semana, este año, hasta ahora, hoy, últimamente, todavía no, ya,...

> Últimamente **ha invertido** mucho dinero en acciones de CELO. Unidad 6.
> ¿**Ha visitado** ya una empresa japonesa? Unidad 6.
> **Ha escrito** un pésimo informe. Unidad 6.

Indefinido (Préterito Indefinido)

Regelmäßige Verben

	-AR	**-ER**	**-IR**
	hablar	**comer**	**vivir**
Yo	habl**é**	com**í**	viv**í**
Tú	habl**aste**	com**iste**	viv**iste**
Él, ella, usted	habl**ó**	com**ió**	viv**ió**
Nosotros/-as	habl**amos**	com**imos**	viv**imos**
Vosotros-/as	habl**asteis**	com**isteis**	viv**isteis**
Ellos, ellas, ustedes	habl**aron**	com**ieron**	viv**ieron**

Unregelmäßige Verben

andar, dar, decir, caber, caer, decir, hacer, ir, oír, poder, poner, querer, saber, ser, tener, traer y *venir.*

(Formen siehe Verbtabelle S. 188-190)

Gruppenverben

Verben einer Gruppe weisen dieselben Unregelmäßigkeiten auf:

1. *preferir (i)* preferí, preferiste, *prefirió*, preferimos, preferisteis, *prefirieron*.
   Entsprechend: *referirse, invertir, requerir,* etc.

2. *repetir (i):* repetí, repetiste, *repitió*, repetimos, repetisteis, *repitieron.*
   Entsprechend: *elegir, conseguir, pedir, seguir,* etc.

3. *distribuir (y):* distribuí, distribuiste, *distribuyó*, distribuimos, distribuisteis, *distribuyeron*.
   Entsprechend: *intuir, destruir, construir,* etc.

(siehe Verbtabelle S. 191)

Gebrauch

Das *Indefinido* wird gebraucht, um über Ereignisse zu sprechen, die in der Vergangenheit zu einem bestimmten Zeitpunkt stattgefunden haben und abgeschlossen sind.

Das *Indefinido* wird mit Zeitangaben benutzt wie: ayer, anteayer, la semana pasada, el año pasado, en 1999 etc.

> En 1952 **nació** Campofrío de la mano de José Luis Ballvé. Unidad 7.
> Ayer **firmé** un contrato con la Administración Pública. Unidad 7.
> Su fundador **intuyó** el filón comercial. Unidad 7.
> **Distribuyó** sus productos a México y otros países. Unidad 7.

Imperfekt (Préterito imperfecto)

Regelmäßige Formen

	-AR hablar	-ER comer	-IR vivir
Yo	habl**aba**	com**ía**	viv**ía**
Tú	habl**abas**	com**ías**	viv**ías**
Él, ella, usted	habl**aba**	com**ía**	viv**ía**
Nosotros/-as	habl**ábamos**	com**íamos**	viv**íamos**
Vosotros/-as	habl**abais**	com**íais**	viv**íais**
Ellos, ellas, ustedes	habl**aban**	com**ían**	viv**ían**

Unregelmäßige Verben

ser: **era, eras, era, éramos, erais, eran**.
ir: **iba, ibas, iba, íbamos, ibais, iban**.
ver: **veía, veías, veía, veíamos, veíais, veían**.

Gebrauch

Das Imperfekt wird gebraucht um Zustände oder gewohnheitsmäßige Handlungen in der Vergangenheit zu beschreiben.

> ► *¿Y cuáles **eran** sus funciones?*
> ▷ ***Tenía** que llevar las nóminas de toda la empresa, **entrevistaba** a los nuevos candidatos, etc.* Unidad 8.
>
> *En el siglo XIX no **existían** los grandes almacenes.* Unidad 8.

Indefinido (Préterito Indefinido) und Perfekt (Préterito Perfecto)

> *Usted nos **mandó** un CV para el puesto y ha sido seleccionado.* Unidad 8.
> ***Mandé** el curriculum hace 4 semanas y todavía no me han contestado.* Unidad 8.

Indefinido (Préterito Indefinido) und Imperfekt (Préterito Imperfecto)

> *En el siglo XIX no existían las tiendas de moda, pero Felipe García- Quirós **puso en marcha** un nuevo negocio que **fue** el germen de Cortefiel.* Unidad 8.

Personalpronomen

Die direkten Objektpronomen (Akkusativ: wen oder was?)

me (1. Person Singular)
te (2. Person Singular)
lo (3. Person Singular) (bei Personen oder Sachen Singular maskulin)
le (3. Person Singular) (bei Personen Singular maskulin)
la (3. Person Singular) (bei Personen oder Sachen Singular feminin)
nos (1. Person Plural)
os (2. Person Plural)
los (3. Person Plural) (bei Personen oder Sachen maskulin Plural)
les (3. Person Plural) (bei Personen maskulin Plural)
las (3. Person Plural) (bei Personen oder Sachen feminin Plural)

> ► *¿Has consultado tus dudas?*
> ▷ *Sí, **las** he consultado.* Unidad 6.

Die indirekten Objektpronomen (Dativ: wem oder was?)

me (1. Person Singular)
te (2. Person Singular)
le (3. Person Singular) (für Personen oder Sachen maskulin/feminin Singular)
nos (1. Person Plural)
os (2. Person Plural)
les (3. Person Plural) (für Personen oder Sachen maskulin/feminin Singular)

> *Nuestra mutua **les** ofrece los mejores planes médicos.* Unidad 7.

Die Stellung der Pronomen im Satz

Das indirekte Objektpronomen steht vor dem direkten Objektpronomen.

> *¿Quién **se lo** cuenta a Ricardo?* Unidad 7.

Die Pronomen stehen in der Regel vor dem Verb. Bei **Infinitiv, Gerundium und bejahten Imperativ** werden sie jedoch angehängt.

> ***Dígame.*** Unidad 5.
> ***Permítame.*** Unidad 5.

Präpositionen

Gebrauch

A
- zur Angabe der Uhrzeit
- zur Richtungsangabe mit einem Bewegungsverb
- vor einem direkten Objekt der Person
- vor einem indirekten Objekt

> *Los bancos abren **a** las ocho y media de la mañana.* Unidad 4.
> *Mañana tengo que ir **a** Barcelona.* Unidad 4.
> *Controla **a** sus empleados.* Unidad 3.
> *Nuestra mutua ofrece **a** las empresas los mejores planes médicos.* Unidad 7.

DE
- zur Angabe der Herkunft
- zur Angabe des Besitzes

> *Soy **de** Madrid.* Unidad 1.
> *El despacho **de** nuestro abogado está en la plaza Cataluña.* Unidad 2.

EN
- zur Angabe eines Ortes

> *Vive **en** el centro de la ciudad.* Unidad 3.

PARA
- zur Angabe des Zwecks/der Absicht

> *Tiene programas **para** conocer los horarios de salidas de los vuelos.* Unidad 2.

POR
- zur Angabe des Grundes
- zur Angabe von Tageszeiten
- zur Angabe des Transportmittels

> *Los Paradores Nacionales son perfectos para hacer reuniones **por** su tranquilidad.* Unidad 5.
> ***Por** la mañana reviso los pedidos de los clientes.* Unidad 4.
> *Envía este paquete **por** Postal Expres.* Unidad 4.

Verben mit Präposition

Verben, die fest mit Präposition verbunden werden:

- **adaptarse a**
- **centrarse en**
- **convertirse en**
- **darse cuenta de**
- **dedicarse a**
- **encargarse de**
- **encontrarse con**
- **ocuparse de**
- **prescindir de**
- **quejarse de**

*Ha tenido problemas para **adaptarse al** estilo de gestión.* Unidad 6.
*No consigue **centrarse en** sus nuevas tareas.* Unidad 6.
*La historia del buen mecánico que asciende y **se convierte en** un pésimo jefe de taller es muy conocida.* Unidad 6.
*También **me he dado cuenta de** que mis conocimientos de informática no son suficientes.* Unidad 6.
*Uno de los periodistas que **se ha dedicado a** ese tema ha recogido varios testimonios personales.* Unidad 6.
*Si quieres **me encargo de** transmitirles la agenda para el viernes.* Unidad 4.
*Muchos directores **se han encontrado con** problemas.* Unidad 6.
*Sólo **me ocupo de** pasar los informes.* Unidad 4.
*Los ejecutivos españoles consideran la posibilidad de **prescindir de** los viajes de negocios.* Unidad 5.
***Se quejan del** estrés de los viajes.* Unidad 5.

Verbale Umschreibungen

Verbale Umschreibungen mit Infinitiv

- **acabar de** + Infinitiv. Angabe einer Handlung, die gerade abgeschlossen wurde.
- **deber** + Infinitiv. Angabe einer Verpflichtung.
- **dejar de** + Infinitiv. Beendigung einer Handlung, die bis jetzt durchgeführt wurde.
- **ir a** + Infinitiv. Ausdruck einer nahen Zukunft.
- **tener que** + Infinitiv. Angabe einer Verpflichtung.

***Acaba de pagar** la cuenta del hotel.* Unidad 5.
***Debe diseñar** un buen plan de trabajo.* Unidad 8.
***He dejado de trabajar** en Lores.* Unidad 6.
***Va a coger** un taxi.* Unidad 5.
*Mañana **tengo que ir** a Barcelona.* Unidad 4.

Verbale Umschreibungen mit Gerundium

- **estar** + Gerundium. Angabe einer Handlung, die momentan im Gange ist.
- **llevar** + Gerundium. Angabe einer Handlung die schon eine bestimmte Zeitspanne lang ausgeführt wird.
- **seguir** + Gerundium. Angabe einer Handlung, die weiterhin andauert.

*El Corte Inglés **está potenciando** sus agencias de viaje.* Unidad 3.
***Llevo trabajando** sólo cuatro meses en mi nuevo puesto.* Unidad 6.
***Sigo trabajando** en Lores.* Unidad 6.

Regelmäßige Verben

	Präsens	Perfekt	Indefinido	Imperfekt	Imperativ
hablar	hablo	he hablado	hablé	hablaba	
	hablas	has hablado	hablaste	hablabas	habla
	habla	ha hablado	habló	hablaba	hable
	hablamos	hemos hablado	hablamos	hablábamos	hablemos
	habláis	habéis hablado	hablasteis	hablabais	hablad
	hablan	han hablado	hablaron	hablaban	hablen
comer	como	he comido	comí	comía	
	comes	has comido	comiste	comías	come
	come	ha comido	comió	comía	coma
	comemos	hemos comido	comimos	comíamos	comamos
	coméis	habéis comido	comisteis	comíais	comed
	comen	han comido	comieron	comían	coman
vivir	vivo	he vivido	viví	vivía	
	vives	has vivido	viviste	vivías	vive
	vive	ha vivido	vivió	vivía	viva
	vivimos	hemos vivido	vivimos	vivíamos	vivamos
	vivís	habéis vivido	vivisteis	vivíais	vivid
	viven	han vivido	vivieron	vivían	vivan

Unregelmäßige Verben

	Präsens	Perfekt	Indefinido	Imperfekt	Imperativ
andar	ando	he andado	**anduve**	andaba	
	andas	has andado	**anduviste**	andaba	anda
	anda	ha andado	**anduvo**	andaba	ande
	andamos	hemos andado	**anduvimos**	andábamos	andemos
	andáis	habéis andado	**anduvisteis**	andabais	andad
	andan	han andado	**anduvieron**	andaban	anden
dar	**doy**	he dado	**di**	daba	
	das	has dado	**diste**	dabas	da
	da	ha dado	**dio**	daba	dé
	damos	hemos dado	**dimos**	dábamos	demos
	dais	habéis dado	**disteis**	dabais	dad
	dan	han dado	**dieron**	daban	den
decir	**digo**	he dicho	**dije**	decía	
	dices	has dicho	**dijiste**	decías	**di**
	dice	ha dicho	**dijo**	decía	**diga**
	decimos	hemos dicho	**dijimos**	decíamos	**digamos**
	decís	habéis dicho	**dijisteis**	decíais	decid
	dicen	han dicho	**dijeron**	decían	**digan**
caber	**quepo**	he cabido	**cupe**	cabía	
	cabes	has cabido	**cupiste**	cabías	cabe
	cabe	ha cabido	**cupo**	cabía	**quepa**
	cabemos	hemos cabido	**cupimos**	cabíamos	**quepamos**
	cabéis	habéis cabido	**cupisteis**	cabíais	cabed
	caben	han cabido	**cupieron**	cabían	**quepan**

	Präsens	Perfekt	Indefinido	Imperfekt	Imperativ
caer	**caigo**	he caído	caí	caía	
	caes	has caído	caíste	caías	cae
	cae	ha caído	**cayó**	caía	**caiga**
	caemos	hemos caído	caímos	caíamos	**caigamos**
	caéis	habéis caído	caísteis	caíais	caed
	caen	han caído	**cayeron**	caían	**caigan**
estar	**estoy**	he estado	**estuve**	estaba	
	estás	has estado	**estuviste**	estabas	está
	está	ha estado	**estuvo**	estaba	esté
	estamos	hemos estado	**estuvimos**	estábamos	estemos
	estáis	habéis estado	**estuvisteis**	estabais	estad
	están	han estado	**estuvieron**	estaban	estén
hacer	**hago**	he **hecho**	**hice**	hacía	
	haces	has **hecho**	**hiciste**	hacías	**haz**
	hace	ha **hecho**	**hizo**	hacía	**haga**
	hacemos	hemos **hecho**	**hicimos**	hacíamos	**hagamos**
	hacéis	habéis **hecho**	**hicisteis**	hacíais	haced
	hacen	han **hecho**	**hicieron**	hacían	**hagan**
ir	**voy**	he ido	**fui**	**iba**	
	vas	has ido	**fuiste**	**ibas**	**ve**
	va	ha ido	**fue**	**iba**	**vaya**
	vamos	hemos ido	**fuimos**	**íbamos**	**vayamos**
	vais	habéis ido	**fuisteis**	**ibais**	id
	van	han ido	**fueron**	**iban**	**vayan**
oír	**oigo**	he oído	oí	oía	
	oyes	has oído	oíste	oías	**oye**
	oye	ha oído	**oyó**	oía	**oiga**
	oímos	hemos oído	oímos	oíamos	**oigamos**
	oís	habéis oído	oísteis	oíais	oíd
	oyen	han oído	**oyeron**	oían	**oigan**
poder	**puedo**	he podido	**pude**	podía	
	puedes	has podido	**pudiste**	podías	**puede**
	puede	ha podido	**pudo**	podía	**pueda**
	podemos	hemos podido	**pudimos**	podíamos	podamos
	podéis	habéis podido	**pudisteis**	podíais	poded
	pueden	han podido	**pudieron**	podían	**puedan**
poner	**pongo**	he **puesto**	**puse**	ponía	
	pones	has **puesto**	**pusiste**	ponías	**pon**
	pone	ha **puesto**	**puso**	ponía	**ponga**
	ponemos	hemos **puesto**	**pusimos**	poníamos	**pongamos**
	ponéis	habéis **puesto**	**pusisteis**	poníais	poned
	ponen	han **puesto**	**pusieron**	ponían	**pongan**
querer	**quiero**	he querido	**quise**	quería	
	quieres	has querido	**quisiste**	querías	**quiere**
	quiere	ha querido	**quiso**	quería	**quiera**
	queremos	hemos querido	**quisimos**	queríamos	queramos
	queréis	habéis querido	**quisisteis**	queríais	quered
	quieren	han querido	**quisieron**	querían	**quieran**

	Präsens	Perfekt	Indefinido	Imperfekt	Imperativ
saber	sé	he sabido	supe	sabía	
	sabes	has sabido	supiste	sabías	sabe
	sabe	ha sabido	supo	sabía	sepa
	sabemos	hemos sabido	supimos	sabíamos	sepamos
	sabéis	habéis sabido	supisteis	sabíais	sabed
	saben	han sabido	supieron	sabían	sepan
salir	salgo	he salido	salí	salía	
	sales	has salido	saliste	salías	sal
	sale	ha salido	salió	salía	salga
	salimos	hemos salido	salimos	salíamos	salgamos
	salís	habéis salido	salisteis	salíais	salid
	salen	han salido	salieron	salían	salgan
ser	soy	he sido	fui	era	
	eres	has sido	fuiste	eras	sé
	es	ha sido	fue	era	sea
	somos	hemos sido	fuimos	éramos	seamos
	sois	habéis sido	fuisteis	erais	sed
	son	han sido	fueron	eran	sean
tener	tengo	he tenido	tuve	tenía	
	tienes	has tenido	tuviste	tenías	ten
	tiene	ha tenido	tuvo	tenía	tenga
	tenemos	hemos tenido	tuvimos	teníamos	tengamos
	tenéis	habéis tenido	tuvisteis	teníais	tened
	tienen	han tenido	tuvieron	tenían	tengan
traer	traigo	he traído	traje	traía	
	traes	has traído	trajiste	traías	trae
	trae	ha traído	trajo	traía	traiga
	traemos	hemos traído	trajimos	traíamos	traigamos
	traéis	habéis traído	trajisteis	traíais	traed
	traen	han traído	trajeron	traían	traigan
valer	valgo	he valido	valí	valía	
	vales	has valido	valiste	valías	vale
	vale	ha valido	valió	valía	valga
	valemos	hemos valido	valimos	valíamos	valgamos
	valéis	habéis valido	valisteis	valíais	valed
	valen	han valido	valieron	valían	valgan
venir	vengo	he venido	vine	venía	
	vienes	has venido	viniste	venías	ven
	viene	ha venido	vino	venía	venga
	venimos	hemos venido	vinimos	veníamos	vengamos
	venís	habéis venido	vinisteis	veníais	venid
	vienen	han venido	vinieron	venían	vengan
ver	veo	he visto	vi	veía	
	ves	has visto	viste	veías	ve
	ve	ha visto	vio	veía	vea
	vemos	hemos visto	vimos	veíamos	veamos
	veis	habéis visto	visteis	veíais	ved
	ven	han visto	vieron	veían	vean

Gruppenverben

	Präsens	Perfekt	Indefinido	Imperfekt	Imperativ
cerrar (ie)	cierro	he cerrado	cerré	cerraba	
	cierras	has cerrado	cerraste	cerrabas	cierra
	cierra	ha cerrado	cerró	cerraba	cierre
	cerramos	hemos cerrado	cerramos	cerrábamos	cerremos
	cerráis	habéis cerrado	cerrasteis	cerrabais	cerrad
	cierran	han cerrado	cerraron	cerraban	cierren
recordar (ue)	recuerdo	he recordado	recordé	recordaba	
	recuerdas	has recordado	recordaste	recordabas	recuerda
	recuerda	ha recordado	recordó	recordaba	recuerde
	recordamos	hemos recordado	recordamos	recordábamos	recordemos
	recordáis	habéis recordado	recordasteis	recordabais	recordad
	recuerdan	han recordado	recordaron	recordaban	recuerden
preferir (ie)(i)	prefiero	he preferido	preferí	prefería	
	prefieres	has preferido	preferiste	preferías	prefiere
	prefiere	ha preferido	prefirió	prefería	prefiera
	preferimos	hemos preferido	preferimos	preferíamos	prefiramos
	preferís	habéis preferido	preferisteis	preferíais	preferid
	prefieren	han preferido	prefirieron	preferían	prefieran
repetir (i)	repito	he repetido	repetí	repetía	
	repites	has repetido	repetiste	repetías	repite
	repite	ha repetido	repitió	repetía	repita
	repetimos	hemos repetido	repetimos	repetíamos	repitamos
	repetís	habéis repetido	repetisteis	repetíais	repetid
	repiten	han repetido	repitieron	repetían	repitan
conocer (zc)	conozco	he conocido	conocí	conocía	
	conoces	has conocido	conociste	conocías	conoce
	conoce	ha conocido	conoció	conocía	conozca
	conocemos	hemos conocido	conocimos	conocíamos	conozcamos
	conocéis	habéis conocido	conocisteis	conocíais	conoced
	conocen	han conocido	conocieron	conocían	conozcan
distribuir (y)	distribuyo	he distribuido	distribuí	distribuía	
	distribuyes	has distribuido	distribuiste	distribuías	distribuye
	distribuye	ha distribuido	distribuyó	distribuía	distribuya
	distribuímos	hemos distribuido	distribuimos	distribuíamos	distribuyamos
	distribuís	habéis distribuido	distribuisteis	distribuíais	distribuid
	distribuyen	han distribuido	distribuyeron	distribuían	distribuyan

Kurz-grammatik

Kurzgrammatik